TOURISM PLANNING & DESIGN　　NO.22

旅游规划与设计 22

旅游规划 ＋ 景观建筑 ＋ 景区管理

北京大学旅游研究与规划中心 主编　　中国建筑工业出版社 出版

儿童及亲子旅游
Family and Children Tourism

图书在版编目（CIP）数据

旅游规划与设计——儿童及亲子旅游/北京大学旅游研究与规划中心主编. — 北京：中国建筑工业出版社，2016.12
ISBN 978-7-112-20275-1

Ⅰ. ①旅… Ⅱ. ①北… Ⅲ. ①旅游规划 Ⅳ. ①F590.1

中国版本图书馆CIP数据核字(2017)第009958号

主编单位：
北京大学旅游研究与规划中心　　大地风景国际旅游集团

出版单位：
中国建筑工业出版社

编委（按姓名拼音排序）：

保继刚（中山大学）	陈　田（中国科学院）	陈可石（北京大学深圳研究生院）
高　峻（上海师范大学）	刘　锋（巅峰智业）	刘滨谊（同济大学）
罗德胤（清华大学）	马耀峰（陕西师范大学）	石培华（南开大学）
王向荣（北京林业大学）	魏小安（世界旅游城市联合会）	谢彦君（东北财经大学）
杨　锐（清华大学）	杨振之（四川大学）	张　捷（南京大学）
张广瑞（中国社会科学院）	周建明（中国城市规划设计院）	邹统钎（北京第二外国语学院）

名誉主编： 刘德谦
主编： 吴必虎
本期特约主编： 李咪咪　　曾永平
副主编： 李咪咪　　戴林琳　　汪　芳　　杨小兰　　王　珏
编辑部主任： 林丽琴
编辑部副主任： 姜丽黎
编辑： 崔　锐　　欧阳文婷
装帧设计： 张正媛
责任编辑： 郑淮兵　　王晓迪
责任校对： 陈晶晶　　张　颖

封面图片提供： 李咪咪
封面图片说明： 孩子带我来看海
扉页图片提供： 裸心谷
扉页图片说明： 亲子时光
封二底图提供： 何玉颖
封二底图说明： 休憩
封三底图提供： 何玉颖
封三底图说明： 童话王国

旅游规划与设计——儿童及亲子旅游
北京大学旅游研究与规划中心 主编

*

中国建筑工业出版社 出版、发行（北京海淀三里河路9号）
各地新华书店、建筑书店经销
北京方嘉彩色印刷有限责任公司印刷

*

开本：880×1230毫米 1/16　印张：10½　字数：314千字
2016年12月第一版　2016年12月第一次印刷
定价：**48.00元**
ISBN 978-7-112-20275-1
（29693）

版权所有　翻印必究
如有印装质量问题，可寄本社退换
（邮政编码100037）

卷首语

儿童旅游与亲子旅游，近年来正在成为休闲旅游学术界备受关注的议题。不仅学术界开始关注这样的议题，旅游相关产业也注意到了这一庞大的市场，并开始从孩子的需求与喜好出发思考将其转化为商机的可能性。对于孩子来说，旅行的意义到底为何？在整个旅行过程中，到底哪一部分才是最吸引孩子的？在食住行游购娱等方面，该如何进行规划和设计以吸引孩子的目光？

带着这些问题，我们着手编辑了《旅游规划与设计》"儿童及亲子旅游"这期专辑。为了从不同的地区视角和专业视角了解儿童旅游和亲子旅游，我们特别邀请了中国大陆、中国台湾以及旅居海外的学者与产业界专家，为儿童旅游与亲子旅游提出具体的做法与建议。本专辑共包含5个主题，共20篇文章，这5个主题分别是儿童与户外教育、反思与实践、亲子旅游与住宿业、家庭/儿童旅游者行为及儿童游憩空间设计。

梅尔顿（Melton）和扎布里斯基（Zabriskie）于2016年在 World Leisure Journal 发表的研究发现，所有的旅游活动均可增进家庭生活的满意度，只是程度有所不同。该研究更进一步发现，其实不一定要去很远的地方旅行，或是昂贵的主题乐园，在生活周遭的空间，甚至是在家里，都可以从事一些跟孩子互动的游戏或是活动，这同样也可以让亲子关系更加和谐。因此，本期的文章特别针对家庭与儿童旅游/休闲/游憩的空间营造、活动与理念设计、营运管理、软硬件规划、体验提升等方面提出建议，并从消费者视角透视儿童在目的地、景区及酒店的行为特征及体验。

环境解说之父费里曼·泰登（Freeman Tilden）在解说六大原则中特别提到，"针对儿童进行解说时，其方法不应是稀释成人解说的内容，而是要有根本上完全不同的做法"。同理，在面对亲子旅游庞大的市场与商机时，各种规划与设计更需要向以儿童为核心的专业化发展努力。从学术层面的需求、偏好与行为，到符合儿童旅游的规划与设计，都需要学界与业界的合作和创新，我们希望这一专辑只是一个开始。

作为特邀主编，这里我们要感谢《旅游规划与设计》的刘德谦名誉主编、吴必虎主编和编辑部的老师们。吴必虎教授对本期选题的慨然同意与支持，刘德谦教授对本期稿件提出的专业严谨的修改建议，还有编辑部林丽琴主任和姜丽黎副主任的行政支持以及对编辑事务的诸多操劳，都为本专辑的顺利出刊创造了极佳的条件。最后，自然还要感谢所有的作者，正是他们的支持与奉献，才使得这份厚重而别开生面的专辑能够呈献给诸位读者。

Happy reading!

本期特约主编：

香港理工大学酒店及旅游业管理学院副教授

暨南国际大学观光休闲与餐旅管理学系副教授

2016年11月

目 录

6　儿童与户外教育

- 8　让教育一起承载保护
  ——以大熊猫保护为例浅谈保护地自然教育　　万　慧　何天虎
- 18　博物教育与亲子旅游　　邓　冰　丁宏伟
- 26　拯救大自然缺失症
  ——儿童身心发展与户外游憩体验　　陈惠美　涂宏明
- 34　绿色运动对儿童体能及健康生活质量之研究　　曾慈慧　杨淑玫
- 42　快速城市化背景下广州市儿童公园建设的经验与启示　　陈　淳　范学刚　朱　竑

50　亲子旅游产品开发

- 52　日本家庭旅游　　董二为　荒川雅志
- 60　论儿童旅游产品开发的创新：以国学教育产品"孔子说"为例　　李艳红　万群艳　胡　涛
- 64　亲子旅游的3W5P模式：宁夏"爱和自由"教育文化之旅案例　　王　静　刘明忆
- 72　亲子产业带动主题景区多元化发展：以青岛藏马山为例　　李宗强　盛永利
- 78　大海中的自然教育：关于青少年的潜水旅游　　刘　佳
- 82　亲子教育的主题化发展之路——以童乡亲子农场为例　　刘慧梅

88　亲子旅游与住宿业

- 90　丽思卡尔顿：通过儿童体验提升品牌差异　　李泱辰
- 98　对本土高星级度假型酒店儿童服务产品的探讨
  ——设施、服务及未来的发展　　汤宁滔
- 104　台湾地区宜兰县的亲子主题住宿之探讨　　董逸帆

112　家庭/儿童旅游者行为

- 114　一名消费者视角的亲子旅行　　马　辛
- 124　主题公园中的儿童旅游行为特征及影响因素探究
  ——以香港海洋公园为例　　黄潇婷　张琳琳
- 132　儿童游乐设施对商务酒店自助餐厅顾客体验影响研究
  　　王　凛　王　皓　郑　洁　万珊珊　司振宇

140　儿童游憩空间设计

- 142　基于"自然主义教育"理念的生态儿童乐园设计模式研究　　李　卓　杨程波
- 150　从《交往与空间》谈儿童户外友好游憩空间设计
  ——以洛嘉儿童乐园设计方案为例　　李方悦　刘　可　唐海培　俞　佳　王　晶
- 158　与儿童互动的景观设计　　唐子颖

儿童及亲子旅游

CONTENTS

TOURISM PLANNING & DESIGN NO.22
旅游规划与设计 22
旅游规划 ＋ 景观建筑 ＋ 景区管理
北京大学旅游研究与规划中心 主编　中国建筑工业出版社 出版

6　Children and Outdoor Education

8　Integrate Nature Education for Conservation: A Brief Sharing and Learning from Case Studies in Giant Panda Protected Areas　*by Wan Hui, He Tianhu*

18　Natural History Education and Family Travel with Children　*by Deng Bing, Ding Hongwei*

26　Saving our Children from Nature Deficit Disorder: Child Physiological and Psychological Development and Outdoor Recreation Experience　*by Chen Hui-Mei, Tu Hung-Ming*

34　The Influence of Green Exercise on Children's Physical Activity and Quality of Life　*by Tseng Tzu-Hui, Yung Shu-Mei*

42　Reserving Urban Nature Space for Children: Experiences from the Development of Children's Park in Guangzhou　*by Chen Chun, Fan Xuegang, Zhu Hong*

50　Product Development for Children Tourism

52　Family Tourism in Japan: History, Development, and Implications　*by Dong Erwei, Arakawa Masashi*

60　Learning Chinese Ancient Civilization on the Way: Experience from Kongzishuo Program　*by Li Yanhong, Wan Qunyan, Hu Tao*

64　Having Fun, Being in Love, Being Together: Experience from the Love and Freedom Family Summer Camping in Ningxia　*by Wang Jing, Liu Mingyi*

72　Family Tourism-led Themed Attraction Development: The Case of Cangma Mountain, Qingdao　*by Li Zongqiang, Sheng Yongli*

78　Nature Education in the Ocean: The Junior Open Water Diving Course　*by Liu Jia*

82　Integrating Leisure Agriculture with Family Tourism: the Experience of Tongxiang Farm　*by Liu Huimei*

88　Family Travel and Hospitality Industry

90　The Ritz-Carlton: Kids Experience as a Brand Differentiator　*by Li Yangchen*

98　Resorts for Children in China: Facilities, Services, and Future Development　*by Tang Ningtao*

104　A Discussion of Kids Hotels in Yilan, Taiwan　*by Tung Yi-Fan*

112　Family/Children Tourist Behavior

114　Traveling with Kids: A Consumer's Perspective　*by Ma Xin*

124　Children in the Theme Park: Story from the Hong Kong Ocean Park　*by Huang Xiaoting, Zhang Linlin*

132　The Influence of Children's Recreation Facility on Consumers' Dining Experience in Business Hotel Buffet Restaurant　*by Wang Lin, Wang Hao, Zheng Jie, Wan Shanshan, Si Zhenyu*

140　Designing Recreation Space with/for the Children

142　Designing Ecological Park for Children: the Application of the Naturalistic Education Theory　*by Li Zhuo, Yang Chengbo*

150　Children Friendly Leisure Space Design From "Life Between Buildings": Experience from Lodgia's Wonderland　*by Li Fangyue, Liu Ke, Tang Haipei, Yu Jia, Wang Jing*

158　Interactive Landscape Design with Children　*by Tang Ziying*

Family and Children Tourism

北京大学旅游研究与规划中心　主编
中国建筑工业出版社　出版

吴哥窟夕阳下父子剪影

儿童与户外教育
Children and Outdoor Education

万 慧　何天虎　让教育一起承载保护——以大熊猫保护为例浅谈保护地自然教育

邓 冰　丁宏伟　博物教育与亲子旅游

陈惠美　涂宏明　拯救大自然缺失症——儿童身心发展与户外游憩体验

曾慈慧　杨淑玫　绿色运动对儿童体能及健康生活质量之研究

陈 淳　范学刚　朱 竑　快速城市化背景下广州市儿童公园建设的经验与启示

何玉颖/摄

让教育一起承载保护
——以大熊猫保护为例浅谈保护地自然教育

Integrate Nature Education for Conservation: A Brief Sharing and Learning from Case Studies in Giant Panda Protected Areas

文 / 万　慧　何天虎

【摘　要】

过去十余年，中国在生态保护方面，以野生大熊猫为代表的旗舰物种保护经历了里程碑式的发展阶段。这一期间，保护区、森林公园等不同管理属性的保护地发挥着关键作用；与此同时，社会经济的变化给这些区域带来保护与管理上的新挑战和自身角色定位的新需求。其中，旅游的迅速增长对保护与管理的影响冲击显著，而自然教育（如亲子游中的自然教育）在旅游市场发展和生态保护职能发挥中的角色和必要性也越来越突出。本文分享了大熊猫保护地开展自然教育的相关案例，在此基础上讨论了目前保护地开展自然教育的实际进展状况、困难和挑战，并在理念设计与运营管理等方面提出了几点建议，希望能够为以大熊猫保护为代表的自然保护区和森林公园等保护地自然教育的开展及亲子旅游的开展提供参考。

【关键词】

自然教育；保护区；大熊猫；野生动物旅游

【作者简介】

万　慧　世界自然基金会（WWF）中国办公室大熊猫项目总监

何天虎　世界自然基金会（WWF）中国办公室大熊猫项目专员

图1 作为西安市的饮用水源地,黑河为西安市民提供约80%的生活用水　　　　王建宏/摄

1 秦岭里的自然课堂

五月的秦岭,离西安84公里的陕西黑河森林公园已经进入了一年中的繁忙季节。出市区,在高速上行驶半个多小时后,私家车便开始排在了秦岭北麓的环山旅游专线上,再行驶40分钟就从周至县马召镇进入了108国道秦岭段。自此一路蜿蜒而上,手机信号时断时续,眼前的景象也大致固定了下来——峻峭的山体在一个个急弯后迎面而来,西安市的水源地黑河水库的上游在谷底一侧流淌,山间春天的错落色彩和游弋的大团雾霭相互映衬,农耕区域和成片的山区住户越来越少(图1)。

从这里开始逐渐进入整个秦岭山系最好的部分——茂密而完整的森林,一级水源保护地流域,还有隐匿在森林更深处的野生金丝猴、羚牛、林麝、金钱豹和大熊猫等众多珍稀物种。盘山46km后到达黑河森林公园,从西安出发不到3小时车程,大部分私家车在这里停下来,并将其作为周末和小长假家庭旅游的终点站,这些自驾的游客构成了森林公园每年十多万游客接待量的80%。

2014年以来的旅游季节让在黑河森林公园已经工作10年的王红波格外忙碌,因为她多了一个新的身份——自然教育解说员。这一年世界自然基金会(WWF)和森林公园

一起建成的"秦岭自然课堂"开始迎接家庭和小朋友。王红波最直观的见证就是"变废为宝":原来近乎废弃的两层小楼被改造成了自然教育室内活动基地,包括秦岭珍稀物种标本识别区、森林生态功能演示区、保护工作展示区、手工制作区、游戏活动区、室内课堂与生态放映区,400m²的空间被改头换面、优化利用。此时,WWF还支持森林公园开发自己的自然教育活动手册。紧接着,王红波的任务就增加了,接受野生动植物知识、解说技巧、户外活动引导和安全急救等各方面的培训后,她诚惶诚恐地开始上岗。而今她越来越游刃有余,穿梭于室内活动基

图2 黑河森林公园自然学校及游客教育活动　　图片来源：WWF

地和户外活动区之间。她和公园里其他解说员、在这里定期服务的志愿者以及WWF工作人员一起，撑起了公园以儿童为主体的自然教育活动。人们提到黑河森林公园时，它不再仅仅是花50元门票准入的山水风光间的走马观花。对于很多慕名而来的家庭，与孩子共同参与和学习自然的经历成为父母在亲子关系中宝贵的体验，这也潜移默化地影响着他们作为成人在自然中的行为规范。这让王红波和她的同事们很有成就感（图2）。

处在秦岭大熊猫保护网络之中，黑河森林公园尝试的自然教育活动很快在周边的森林公园和保护区中得到回响：怎样规划和设计自然教育的硬件场地与教育活动？人力资源问题怎么解决并且能够持续运营？自然教育和游客管理之间应当如何平衡？投入资金从哪里来？能不能有所盈利？这一系列问题都成为在第一线工作的自然资源管理者的困惑，他们希望从外界和同行那里得到启发。黑河森林公园的负责人蔡小录同样如此，不过他显然已经开始准备：争取的国家、社会和公益组织项目都在进行，资金也颇有眉目；组织员工学习培训并且激励上岗；筹划与外部机构合作，获得技术支持，拓展游客资源；学习美国、日本和中国台湾地区的自然教育方法并对其进行尝试。对于黑河森林公园这样需要靠稳定的旅游经营收益来维持运营的企业来讲，蔡小录已经开始思考自然教育之于森林公园的角色定位：提升公园品牌形象，拓展旅游产品内涵，探索经济效益，同时规避负面影响。而对于地理上与之相连的邻居太白山保护区、老县城保护区和黄柏塬保护区来说，生态旅游和自然教育的发展节奏与方式则需要更为审慎（图3）。保护原始的森林生态系统和大熊猫等众多珍稀物种是保护区建立的主要目标和行政职责，而管控外来人员进入核心区域、防止人为活动对野生动物及其栖息地的干扰正面临日益增大的管理压力。周边森林公园和社区百姓如火如荼开展旅游经营，当地政府积极推进的旅游基础设施建设越来越逼近保护区，日益增多的背包客违规穿越保护区核心区等诸多问题，让"游客管控"比"自然教育"在保护区现实的管理层面更优先。

图3 太白山区域内森林公园、保护区位置关系示意图　　图片来源：WWF

在秦岭这片生态保护的核心区域，自然教育开始为越来越多的资源管理者所谈论，而不同性质的主体也影响着其关于自然教育的态度、计划和进程。

2 发展中的保护地角色

秦岭是中国野生大熊猫分布的六个山系之一，也是中国地理、气候和动植物区系的南北分界线，这里优质的自然条件使其成为中国生态保护最优先的地区之一，也成为旅游开发的热点（图4）。前身为厚畛子林场一部分的黑河森林公园在2000年之前仍然以商业采伐为主要业务，与很多周边的森林公园和保护区类似，这一属性的根本改变始于1998年之后中国政府先后实施的一系列保护工程。其中，天然林保护工程和自然保护区建设工程对以大熊猫为代表的珍稀物种保护发挥了关键作用。天然林保护使野生大熊猫主要分布的长江上游区域的商业性森林采伐被全面禁止，野生动物的栖息地日渐恢复，而且国家和地方层面都增加了对新建自然保护区的投入。于是很多森工企业开始转型为靠自身资源发展旅游这一绿色产业的森林公园或风景名胜区，或者成为以管护自然资源和野生珍稀物种为主要职责的保护区。过去的十多年也成为中国生态保护里程碑式的发展阶段。以大熊猫为例，2015年国家林业局公布的全国第四次大熊猫调查结果（简称"四调"）显示，中国野生大熊猫种群数量1864只，相比于2013年第三次全国大熊猫调查时增加了16.8%；栖息地面积也从230万hm^2增加到了258万hm^2；大熊猫保护区的数量从40个增加至67个，覆盖了67%的野生种群和54%的栖息地。秦岭山系内的大熊猫保护区数量在这一期间从5个增加至16个。

不同的自然保护区常以行政地域边界为界比邻而建，加上森林公园、风景名胜区、原有的林场和当地社区的集体林地等，形成了现在大熊猫分布区域马赛克式的保护格局，这也在一定程度上反映着中国保护地体系的特点：以自然保护区为主要类型，还包括风景名胜区、森林公园、湿地公园、地质公园、水利风景区，以及保护小区等多种类型，它们分属于不同的主管部门和管理体制。过去十多年，以"管护"为主要目标的自然保护区多采取封闭式保护，严格控制人为干扰和破坏。依据《中国自然保护区条例》，旅游活动只能在适宜的实验区开展，缓冲区和核心

图4 秦岭 廉金贤/摄

区禁止游客进入。在从采伐转型为保护的时代,对于整个生态系统的快速修复来讲,这是保护区行之有效的管理方式。而以门票和住宿等为主要收益方式的森林公园,则将更多的精力集中在各种游客接待硬件设施的改善与扩张上。保护区与森林公园有各自不同的地理管辖区域,不同的属性和管理模式,和似乎并不太一致的目标,在过去十年多年里却也平行发展,共同贡献了良好的生态、社会和经济效益。

然而社会经济的剧烈变化正在打破着这种表面的平衡。不管是以保护优先的保护区还是以经营优先的森林公园,过去传统的单一管理或运营方式已经难以应对旅游活动在这些生态条件好、生物多样性富集的区域快速发展的现实。以大熊猫保护为例,截至"四调"时已经有超过250个景区、景点在大熊猫分布区域内,尤其在距离西安、成都等主要城市距离较近且交通便利的秦岭、邛崃、岷山三个山系,保护区正面临着巨大的旅游管理挑战。这主要体现在:

(1)游客数量增长迅速,环境容量难以承担。

上述的秦岭太白山区域2015年接待游客总数达到112.6万,2016年预计达到130万,而主峰太白山就位于太白山保护区内。在距离成都市仅110km的鞍子河大熊猫保护区,每年通过旁边鸡冠山森林公园进入这一区域的游客人数接近20万,旺季时每周的游客多达数千。

(2)部分游客行为带来环境干扰。

根据太白山保护区统计,仅

2013年就有近6000名背包客非法穿越保护区核心区域，给整个区域的管理带来很大困难。在鞍子河保护区一带，每年游客在野外随意扔下的垃圾多达数十吨，成为保护区多年的难题。

（3）当地旅游开发及配套设施对保护产生负面影响。

局部地区的景点道路、酒店等基础设施建设造成栖息地的破坏与分割，随之带动起来的社区农家乐经营部分导致水源污染，部分游客对野味的需求导致个别地方的偷盗猎等违法活动和野生林产品采集有回升趋势。而在市场的另一端，数量快速增长的公众走进这些保护区域已经不仅是为了满足游山玩水的基本需求：人们在旅游中开始关注生态、关注大自然；社会发展带来的人与人关系的改变，尤其是儿童之间、儿童与环境之间的隔离也使很多家庭开始意识到与自然的接触对儿童的身心成长和健康至关重要。自从"自然缺失症"在《林间最后的小孩》这一具有开创意义的作品中被用于揭示儿童与自然惊人的断裂后，自然教育正在越来越多地作为教育的基础内容之一被提及，同时也成为旅游需求中以家庭为主体的一个主要考量因素（图5~图7）。

在这一大的背景下，无论是封闭式的管护还是粗放式的经营都已经不能适应今天的生态保护形势。对于自然保护区，公众教育作为保护区三大核心职能之一，在过去十几年间一直是最薄弱的环节，随着进入保护区和周边区域游客的增长，合理引导和开展保护教育将更直接影响到游客行为和可持续管理。而对

图5 鞍子河保护区冬季观雪游客丢弃的垃圾 　　　　　　　　　　　　　　图片来源：WWF

图6 准备穿越太白山区域的游客 　　　　　　　　　　　　　　图片来源：WWF

图7 孩子与大自然的亲密接触 　　　　　　　　　　　　　　王会龙/摄

于森林公园,针对市场的需求制定出适合自身的自然教育产品则是未来的发展趋势。政府、自然资源管理单位、很多社会及商业组织已经意识到了这种变化和需求。在秦岭,除了黑河森林公园的自主推进,很多其他形式的探索也在进行。

3 保护区的自然教育探索

2014年,太白山保护区被陕西省林业厅确定为全省首批7个森林体验基地之一,在蒿坪保护站工作的李双喜便参与了这项工作。蒿坪是保护区5个基层保护站之一,2015年,位于这里的森林体验基地在4月至10月之间对外开放,公众教育科科长李喜梅平均每周接待两批学生,他们大多来自西安市的初中,由学校统一组织,每次30~40人,年龄以13~15岁为主,偶尔人多时也近百。学生按计划在这里基本停留1天,当天需要返回市区。2015年,蒿坪体验基地共接待超过3000名学生。这是林业厅与教育部门合作组织的公益性自然教育活动,学校负责学生的组织、接送和路途安全,保护区负责具体的森林体验安排,李圆圆、李双喜、赵宁红等人经常作为引导员带领这些学生。一天的体验内容相当紧凑,包括参观位于保护站的植物科普展馆、药用植物园,在户外体验区开展自然名识队友、树脸朋友、跟踪土壤动物、水土保持等一系列体验活动,以及平衡盘、迷宫之类的趣味游戏。这些内容都是根据《太白山自然保护区森林体验基地实施方案》设计落实,为了这个方案保护区还到省内、省外其他保护区取经学习,之后又对原有的室内场馆和户外位于保护区实验区内的1.5km体验路线进行了改造。除了负责接待学校大多在工作日组织的活动外,蒿坪保护站的李双喜还会负责来自其他商业机构组织的活动,孩子的年龄段也

图8 户外自然教育活动

图片来源:作者提供

更宽泛,时间多集中在小长假和暑期,在保护区停留的时间也更长。这些组织大多有自己的讲解员和引导师以及活动计划,这时李双喜等保护站的工作人员更多是负责配合后勤工作(图8)。

在太白山国家级自然保护区管理局局长马西寅看来,保护区开展自然教育一年多,工作人员的能力有了整体提升,保护区的影响力扩大了,前来参与自然体验活动的学生和家庭的生态保护意识也提高了。这些效果的取得与投入自然分不开,除了林业上的专项资金外,保护区自身也投入了约80万元资金,进行初期室内和户外硬件设施的建设与改善,并抽调业务人员成立了专门的森林体验和自然教育实施小组,还对李圆圆等身兼引导员的基层工作人员进行了多次培训。他所在的保护区领导层对将来的自然教育有些设想——公众教育会是保护区的核心业务之一,不过当前除了在《森林体验实施方案》的大框架内进行具体操作,还没有长远的、更为明确的路线。马西寅有他的忧虑,因为目前保护区进一步发展自然教育还有很多实际困难。第一,虽然保护区有自己的自然教育实施方案并且付诸实践,但与秦岭其他保护区也在开展的自然体验有很多相似之处,太白山保护区自身的特点还没有充分发挥出来。目前上级部门协调学校统一组织的学生团体是保护区接受自然教育的主体,占80%,如果这层保障消失后,保护区如何继续维持它的自然教育影响力和吸引力会是个挑战。第二,现在保护区处于发展的初期阶段,还需要进一步资金投入,前期活动的开展以公益性质居多也并无盈利,保护区需要继续筹措和整合资源,包括申请政府资金、与社会和非政府组织开展项目合作等。第三,目前保护区的人力资源在知识结构、人员数量上短时间内难以满足自然教育进一步发展的需求。现在有大约10人参与到初级解说、引导、后勤和安全这些工作中,而人员培训、活动设计等都需要外部更专业的技术指导,单靠保护区自身难以实现。而且自然解说和活动引导等责任对于参与的员工都是新的工作任务。不同于企业性质的森林公园,作为行政事业单位的保护区在激励机制上尚难以做到灵活。

马西寅的感受与关切反映了很多保护区和森林公园的普遍共识:(1)初期自然教育活动的开展对拉近青少年和自然、公众和保护工作距离的效果明显,这对员工的自我认同和能力提升都有很大帮助。(2)如何保证自然教育开展的持续性是突显的问题。大部分保护区和森林公园在自然教育活动的系统设计上往往缺乏差异性,包括地理区域上不同单位之间的差异和针对不同年龄段活动设计的差异。(3)人力资源和专业指导非常缺乏。虽然很多保护区员工通过多年一线的工作已经成为专业领域的内行,但挑战在于如何将这种知识和技能储备转化成公众所能接受和理解的知识和形式,并保持公众的兴趣。(4)作为公共事业单位的保护区对自然教育的投入和收益如何定位并无可参考的答案或政策。

从活动的组织方式来看,纯公益或半公益性质的活动则由政府相关部门启动、安排,并且有一定项目资金的支持。商业性质的自然教育机构面向社会招纳参与的家庭或儿童,与当地保护部门协商,依托其现有的基地或资源开展活动。在参与人数方面,公益或半公益性质的自然教育活动人次最多,多以学校为单位,以中小学生为主体,覆盖面大,这也是保护区最大化宣传受众的途径。在活动内容方面,很多公益性质的自然教育活动精细化程度参差不齐,且人数众多、时间短等因素限制了活动内容的深入,另外保护单位作为公益性活动的执行主体,开展自然教育活动的经验还不足。而商业性质的活动对受众人数有限制,且配备有专业的活动组织者和讲师,在效果和感受上相对容易有优势,但保护区的参与程度较低。

4 让人与自然更好地连接

自然教育的必要性无论是对于保护区功能的完善,还是之于社会的普遍需求,已有共识,它旨在重建人与自然的联系,关注人的成长与完善,激发人对自然的意识和自发的行为调整,自然教育因此对儿童成长尤其重要。当前保护地自然教育发展初期的探索都为将来的优化提供了范本,要做到更好地教育,更持续地保护,还需要在理念设计、运营方式上不断深入地总结与改善,同时开展科学的监测和评估。

在理念上,保护地开展的自然教育应该着眼于超越仅以自然场所为依托或活动背景式的初级参与和体验,探索并建立更深刻的人与自然的联系——通过使公众尤其是儿童

图9 太白山三宝之羚牛　　　　　　　　图片来源：太白山旅游区管委会提供

理解自然和自然资源对于人们生存和生活的意义，激发热爱自然的情感和意识，最终落实到保护行动上来，形成长远的影响。比如，以旗舰物种大熊猫为保护目标的保护区的建立和管理对更广泛的生物多样性和与人们生活紧密相关的生态系统服务功能的维护有着重要意义：在它的分布区域内同时有超过10000种的种子植物和超过1000种的脊椎动物分布，其中哺乳动物超过170种，鸟类超过560种（WWF中国大熊猫项目，2015），这里是中国生物多样性最富集的区域之一，同时也是五条长江、黄河一级支流的发源地或重要水源地，大熊猫分布区及其周边超过1400万hm²的森林，为整个长江流域内分布的几亿人口提供关键的生态系统服务功能，包括水源涵养、水土保持、固碳、生物多样性保护、游憩，以及林产品提供等（图9）。这些生态服务和人们的日常生活是怎样紧密相关的？上游的森林破坏、水体污染会对下游的城市生活造成怎样的影响？森林对二氧化碳吸收和气候调节具体怎样发挥作用？一颗板栗如何在林间长成果实、脱落外壳、成为街头巷尾的美食？物种的延续和人类生存的关系是什么？为什么生物多样性会如此重要？这些超越简单自然陈设的更为深刻的问题需要通过持久的自然教育传递给公众，传递给下一代。美国环境解说之父弗里曼·泰登这样阐述过："通过解说，进而理解；通过理解，进而欣赏；通过欣赏，进而保护。"自然教育的精髓，不管是涉及自然解说或是体验活动，其根本目的是启迪对自然深刻的理解与欣赏，培养美好的认知和进行潜移默化的行为调整。这在以家庭为单位的亲子类自然体验活动中有更明显的辐射效果，孩子的参与和认知会直接影响父母及其行为规范。

在运营上，保护地需要根据自身的资源状况优化自然教育可提供的内容和运营模式。首先，好的自然教育方案是基于对自身自然教育功能定位和对自然资源的评估开发而成的。以大熊猫分布区域为例，在以森林公园为代表的交通相对便利、基础设施相对完善、适合家庭自驾旅游的地区，亲子类的自然教育活动具备良好的市场和基础条件，因此可以针对这一群体提供更精细化的产品和服务，并且将其作为游客管理的内容之一，进而减小旅游对保护区的负面影响。以上面提到的太白山区为例，虽然同属大熊猫保护网络范围，北坡的黑河森林公园在其自然教育活动中突出西安市区饮用水源地这一特点，并且据此设置相应的解说内容和体验参与，至今为止共有超过10000名游客参与了黑河森林公园的教育活动，其中90%以上的参与者表示相关活动的解说和体验过程给自己留下了深刻的印象，并承诺保护当地自然和水体环境。太白山保护区则重点突出最完整的垂直植被景观和植物基因库、第四季冰川遗迹等独有的特点，并据此设计活动，带领孩子穿越自然发展的千百万年历史，在这一过程中体验和理解人类在自然历史演变中与环境及其他物种的依存关系。而另一侧的老县城保护区则可以结合在这里依然留存的、传统的社区对自然资源的利用方式和社区生活方式开展教育活动。其次，应该根据人力资源的状况选择合适的运作模式，是由独立承担自然教育活动的组织执行还是选择与外部的公益或商业组织合作更多地取决于自身的人力资源条件和长远规划。无论哪种形式，专业性是自然教育活动能否成功和可持续的关键一环。保护区自身业务领域的知识积累若能与外部机构活动组织的经验优势互相学习和合作，形成有效的运作队伍和责权利机制，会令自然教育活动的效果有显著提升。

持续的监测与评估是保护地开展自然教育必不可少的一环，有几个关键指标需要考虑。

（1）保护效果。开展自然教育对最终的保护目标有没有贡献，比如来自游客的干扰是否减少？动植物的活动频率有无负面影响，它们的栖息范围是否被改变？生态系统中的其他因素，如土壤、水质等因子有无负面变化？如果干扰或负面影响超出了保护区域可控的合理范围，那么必须对自然教育活动开展的尺度重新评估并做出及时调整。

（2）受众体验效果。在自然教育活动中，参与者当下的反馈应当被及时收集，以便及时修正和优化自然教育方案的细节，他们的意识和行为改变状况也应当被长期跟踪，最终形成成熟的自然教育产品和服务。

（3）社会效果。包括开展自然教育对周边保护区域的影响和辐射，以及对当地社区的影响，比如是否对社区有收益回馈，以及社区保护意识是否也有一定程度的同步改善等。

2016年《国家地理》出版的美国国家公园百年纪念专刊这样写道："对美国人来说，国家公园远不是观赏风景的地方，它是全民共有的精神联系。"从第一个国家公园黄石公园建立，美国的国家公园迄今已经发展了100多年，其间也经历了多次保护与旅游发展的冲突与调和，不同利益相关方的博弈与权衡。到了今天，自然教育已经成为美国国家公园体系中最重要的支撑之一。中国以保护区为代表的保护地体系自1956年第一个保护区建立至今一直在完善自身发展，以大的国家公园整合不同保护地的理念也才提出不久，尚在探索。在未来的国家生态保护体系中，自然教育可以一同承载起生态保护工作的可持续性，着眼于"将教育植根于保护"，同时建立人与自然的深刻联系，这或许是构筑未来中国全民共识的"生态文明"路径之一。

注释

树脸朋友：一个自然体验游戏，将脸颊贴到树皮上，以感受乔木表面纹路和质感。

博物教育与亲子旅游
Natural History Education and Family Travel with Children

文 / 邓 冰　丁宏伟

【摘　要】

近年来，我国旅游市场需求旺盛，亲子游持续升温，然而目前多数的亲子旅游产品是从市场层面开发的，品质参差不齐。融入博物教育的亲子旅游是一种新型的旅游方式，其所蕴含的力量逐渐为业界所认识、为公众所接受。本文强调了博物教育对亲子旅游的意义，并从政策、产品、场地、师资、服务五大方面探讨了亲子游中博物教育体系的构建。未来需明确博物教育在亲子旅游中的核心功能，构建与亲子旅游相融合的博物教育体系，促进亲子旅游产业的纵深发展。本文认为，随着博物教育理论体系研究的深入、国内亲子旅游市场的成熟、学术界与实业界跨界交流的增多、多学科综合协同能力的提升，博物教育对亲子旅游的贡献将会越来越大。

【关键词】

博物学；博物教育；亲子旅游；儿童旅游

【作者简介】

邓　冰　国家注册城市规划师，原北京清华同衡规划设计研究院高级工程师

丁宏伟　北京亿华海景科技发展有限公司、洛阳龙门海洋馆董事长

1 亲子旅游的火爆与忧思

亲子旅游是由父母和未成年子女共同参与的，集认知、体验、亲情、休闲于一体的旅游形式[1]。近年来，随着国内居民生活水平的不断提高和人们对孩子全面成长的重视，我国的亲子游市场持续升温。艾瑞咨询发布的《2015中国在线亲子游市场研究报告》显示，预计2015年中国在线亲子游市场将会实现76.2%的增长，达到114.7亿元，且未来三年都将呈现稳步增长趋势。携程亲子游学平台的数据显示，2015年亲子、游学产品的预订人数相比去年增长了200%，其中80%是首次报名的新用户。

火爆的市场需求令亲子旅游成为一个新兴的专业领域，涉及商业、旅游、休闲、教育等方面。传统旅行社、在线旅游企业纷纷推出"亲子游"路线，许多亲子机构、教育企业等也借机推出游学产品，如新东方、世纪明德等，一时间亲子游产品如雨后春笋般涌现。然而目前多数的亲子旅游产品是从市场层面进行开发的，品质参差不齐，存在重利益轻内涵、重游乐轻教育、重儿童轻家庭等弊端。

亲子旅游产品开发如果只从市场层面出发容易造成涸泽而渔、过早透支行业资源的局面。因此，面向未来，需要对亲子旅游产品进行系统性研究，把亲子游学产业的体系构建起来，形成一个持续的学术层面的支持和驱动。积极发展尊重儿童认知规律、成长规律的儿童博物教育，是提高亲子旅游品质的关键。

2 博物教育的力量与意义

对儿童成长来说，与博物教育相融合的亲子旅游无疑是最佳的选择之一。所谓博物，通晓众物之谓也。博物学（natural history）是人类与大自然打交道的一门古老学问，指对动物、植物、矿物、生态系统等所做的宏观层面的观察、描述、分类等，涉及知识、情感和价值观等多个维度[2]。本文所提倡的"博物教育"，是指依托博物学所开展的教育活动，包含博物学知识、博物学思维方式、博物伦理等内容。在亲子旅游中引入博物教育的理念，可以满足儿童及家长对出游的最基本需求，具有以下几方面重要的意义：

（1）博物教育是儿童成长的重要基础，需要拓展亲子旅游的广度和深度。

儿童时期是人生的重要启蒙阶段。启蒙的内容应该选择那些对现在和数十年以后仍然应该知道和有重大影响的知识，排除那些过时的技术

图1 博物馆里的鸟、鸟蛋、鸟巢的展示（日本富士山生物多样性研究所） 邓冰/摄

或只局限于一定领域的内容[3]。博物学具有数千年的传统，是人类认知发展的奠基石。亲子旅游从博物学教育的角度切入，是适合儿童认知规律的方法。相对恒久稳定、真实存在的自然知识是伴随一生的知识，对儿童知识体系的构成和对世界认知稳定感、幸福感的营造至关重要。

（2）博物教育播种"善"的种子，提升亲子旅游为"善行旅游"。

珍妮·古道尔（Jane Goodall）说："唯有理解，才能关心；唯有关心，才能帮助；唯有帮助，才能都被拯救（Only if we can understand, Can we care; Only if we care, Will we help; Only if we help, Shall all be saved）"。受过博物教育的孩子，对真实的自然世界有亲身的感受，不会过度沉浸于虚拟世界之中，也不会对自然和生命缺乏感受和尊重。博物教育使亲子旅游能真正做到联合国教科文组织所倡导的善行旅游——"内有向善之心、外有向善之行"，实现对自然环境、文化遗产等旅游资源的有效保护和利用。

（3）博物教育可以无障碍沟通，在亲子旅游中随时随地可用。

博物学教育以自然观察和自然体验为主，具有本土化、多样化、个性化、直观化的特征，不同年龄、不同肤色、不同语言、不同文化的人都可以进行同样的博物观察。因此，它是亲子旅游中最快捷、最直接地了解一个国家或地区的无障碍通道。儿童在旅游的过程中恰恰是其好奇心得到最大激发的时候，博物学知识、博物学方法为孩子打开大自然的神奇之门提供了钥匙，为孩子对自然世界的认知提供了体系框架，这对儿童的一生都将起到重要作用。

（4）博物教育是亲子共同建构意义的学习过程。

所有的社会生活都具有潜在的教育意义，人们学习到的大部分知识，都是通过非正式的教育过程获得的，而不仅仅是学校教育[4]。建构主义认为，学习不是知识从教师向学生单向传递的过程，而是学生建构自己知识体系的过程，这种建构不可由其他人代替[5]。在亲子旅游的过程中进行博物教育，家长是很重要的角色。家长最清楚孩子的知识积累和生活背景，可以就某些问题进行探索，并在此过程中相互交流和质疑，了解彼此的想法，彼此做出某些调整。这样，家长不再是亲子游中可有可无的陪同角色，其内在积极性被调动起来，孩子也在家长的参与下变得更为积极主动，亲子感情得到滋润和提升。

3 "旅游+博物教育"引领亲子旅游新方向

与亲子旅游相融合的博物教育体系，是"旅游+"时代的产物，整合了自然科学、博物馆学、旅游、休闲、教育等领域。笔者建议从运用政策、丰富场地、升级产品、培育导师、服务转型五大方面进行"旅游+博物教育"体系构建。

3.1 政策利好，积极融入"研学旅游""社会实践"两大系统

在旅游方面，国务院发布的《国民休闲旅游纲要》（2013）和《关于促进旅游业改革发展的若干意见》（2014）明确提出了研学旅行的要求。李金早在新的旅游六要素中加入了"学"的要素。第一批研学旅游目的地和研学旅游基地已经建立。

在教育方面，教育部、科技部、中国科学院、中国科协联合发布的《关于建立中小学科普教育社会实践基地开展科普教育的通知》明确提出，将科技馆、自然博物馆、专业技术博物馆、动植物园等科普类场所，高校、中科院、地方政府所属科研机构，科技创新园区和科技创新型企业三大类作为中小学科普教育社会实践基地的资源单位。

在农业方面，国务院办公厅发布《关于推进农村一二三产业融合发展的指导意见》（2015）提出统筹利用现有资源建设农业教育和社会实践基地，引导公众特别是中小学生参与农业科普和农事体验。

无论是研学旅游、科普教育、社会实践等，都和博物教育的探索方向一致。多部委的联合发文，有利于推进旅游、教育、文化、农业等产业的深度融合。

3.2 丰富场地，整合博物馆、公园、农场、荒野地四大场地类型

博物教育的场地可以分为博物场馆、都市绿地、教育农场、荒野地四大类。博物馆是众妙之门，能帮助儿童快速形成知识体系大框架，是构建儿童博物学体系的高速路入口。真正的奥妙隐藏在大自然中，对大自然应保有最起码的尊重，博物学知识是进入大自然的最好通行证。从室内的博物馆到荒野大自然之间的过渡是都市公园和农场等人类改造过的自然（也称"第二自然"），这些地方传承了自然的基因，也承载着人类的乡愁与希望。博物教育因地制

宜、综合性地应用各类场地才能为儿童提供完整的博物学教育，构建儿童博物知识体系。

3.2.1 博物场馆

适合进行博物教育的博物馆包括：科技馆、水族馆、自然博物馆以及专项馆等（图1~图3）。2007年第21届国际博物馆协会代表大会对博物馆定义进行了修订，首次将"教育"作为博物馆的第一功能予以阐述。2015年3月我国新出台的《博物馆条例》对博物馆的三大目的做了序次调整，由过去的"研究、教育和欣赏"调整成了现在的"教育、研究和欣赏"。教育成为博物馆的核心功能已经成为业界共识，我国诸多博物馆面临着从传统的单一化展览讲解，转变为针对不同观众设计多类型教育活动的挑战。

长期以来，我国的博物馆除了重"展"轻"教"，还面临着活动频次低、活动类型单一、老师讲解欠生动、知识传播形式欠创新等问题。为实现教育功能真正向核心功能的转化，急需在教育场所建设、人才队伍培养、展示方式转变、教育活动组织等方面予以完善与提升。

3.2.2 都市绿地

都市绿地体系包括动物园、植物园、城市森林公园、郊野公园、街头绿地、社区绿地，甚至大学校园等，都是开展博物教育的最便捷的自然场所。在北京，适合自然观察的公园有奥林匹克森林公园、北京植物园、中科院植物园、圆明园、麋鹿苑、百望山公园等，这些地方不仅为游人提供了巨大的绿色氧吧和休闲健身场所，更是搭建了一个适宜开展活动的自然观察平台。盖娅自然学校、

图2 海洋馆里的孩子（洛阳龙门海洋馆）　　　索彪/摄

图3 孩子们倾听海螺的声音（洛阳龙门海洋馆）　　　索彪/摄

农家乐等初级产品形式难以满足城市居民的高级休闲需求，形成了有效供给不足的局面。在休闲农场中注入教育元素，转身为教育休闲农场，成为部分先行者的破冰秘诀。这一方面得益于国家政策的利好，同时也受亲子旅游市场需求的驱动。

儿童农场见学是以农业生产场景为背景，以农耕文化传承、农业劳动实践、农俗体验为产品，它可以带动家庭的二次消费，提高农业的附加值，提高整个农场的运营成效。据不完全统计，北京的教育休闲农场有20多家，其中洼里乡居楼、小毛驴市民农园、田妈妈农乐园、阿卡农庄成长于不同时期，各具特色（图5）。

图4 测量大地温度（北京奥林匹克森林公园） 邓冰/摄

3.2.4 荒野地

荒野地包括以自然环境保护为主的森林公园、自然保护区、湿地公园、风景名胜区等保护地，以及真正的荒野地、无人区等。不同的场地，荒野程度不一，生物多样性的程度也不尽相同。由于距离城市较远，荒野自然体验一般在寒暑假或小长假开展。通常为5~10天的野外夏令营包括五感训练、自然观察、地质考察、夜晚观星等一项或多项活动。在这种类型里，亲子旅游的野外安全问题相对突出，对领队、活动组织者的野外经验要求更高（图6）。

图5 儿童在亲子教育农场劳作（小毛驴市民农园） 邓冰/摄

3.3 升级产品，包含"知识+思维+伦理"三位一体的博物教育

博物教育不是简单的观花赏月，博物教育到底教什么？最常见的博物教育方式为自然观察，包括观鸟、赏花、赏虫、赏蛙、观水生动物、哺乳动物、植物等专项。自然观

自然博物学校、脚丫儿、自然玩童联盟等多家亲子机构都将自然观察活动安排在公园举办（图4）。

3.2.3 教育休闲农场

拥有空气清新、稻花飘香、鸡鸭遍地、牛羊满山坡等诸多乡土元素的农场是进行农业博物教育的绝佳场所。近年来观光休闲农业迅速发展，但是许多经营中的休闲农场同时也遇到了瓶颈，关键原因就是采摘园、

察强调五感的修炼,调动视觉、味觉、触觉、嗅觉、听觉来体验自然,进行自然观察、自然记录与自然艺术创作[6](图7、图8)。

在儿童教育国际化思潮的发展中,博物教育不仅仅传播博物知识,更重要的是培养一种博物思维能力,形成人与自然正确关系的博物伦理观。把博物学知识转化为对人类社会现象的理论解释或实用发明,是对博物思维能力的应用。比如科学家通过观察啄木鸟发明了安全头盔、通过观察蜻蜓发明了直升机、通过观察蝙蝠发明了雷达等。面向未来,博物思维是一种综合运用知识的能力,更是一种洞察力。博物伦理教育则解释和强调了生命体之间以及和大自然的相互依存关系,培养了人们对自然界理智的尊重。缺乏这种理智的尊重,就会存在鲁莽地毁灭生命赖以存在的生存系统的危险。

目前国内的博物教育更多的只是在传递博物知识,而在博物思维、博物伦理方面的教育偏弱。笔者曾经在日本富士山生物多样性研究所内看到日本中小学生做的多项自由研究,包含了图文并茂的观察记录、科学实验记录、论文检索等内容,而且研究方法之严谨、对自然现象提出问题和解决问题的能力都让人惊叹(图9)。

3.4 跨界培育,促进行业人力资源从"导游"到"导师"提升

行业的健康发展,人的因素永远是第一位的。博物教育亲子游所需要的从业者,不同于传统旅游业的"导游",而更类似于"导师",他们

图6 采集野花种子(河北坝上) 邓冰/摄

图7 孩子在仔细观察桑蚕(洛阳龙门海洋馆) 索彪/摄

图8 公园夜探活动(北京奥林匹克森林公园) 邓冰/摄

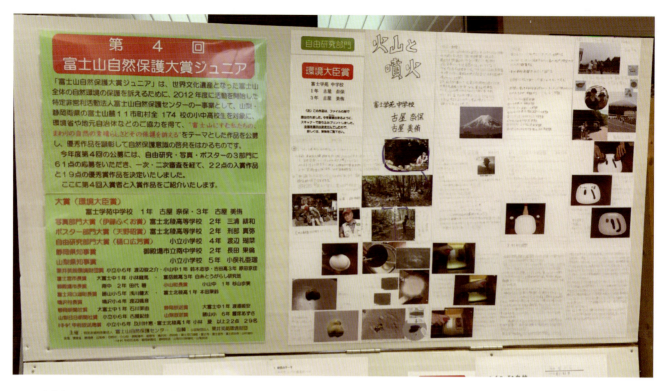

图9 日本学生关于火山喷发的自由研究（富士山生物多样性研究所）　　　邓冰/摄

不仅要博物知识渊博、更要保有耐心与热情，要懂得儿童心理学，能把平凡枯燥的书本知识转化为形象有趣、让孩子乐于接受的知识。目前能开展博物教育、带领自然体验的老师来自几个方面，比如具有环境保护工作背景、具有生物学专业背景、博物学爱好者、华德福的老师等。全国自然教育论坛从2014年开始连续举办两年，从首届有300人到第二届有600人参加，自然教育工作者的队伍在快速壮大，但是既拥有先进的自然教育理念、丰富的博物学知识又有儿童教育经验的老师还是非常难得。

未来亲子旅游的发展需要大量的博物教育人才，需要建立跨界的人才队伍，调动多方力量，增强对人才队伍培养的支持力度。

3.5 以"育"为核心服务转型，促进亲子旅游由"景点游"向"全域旅游"发展

博物教育作为亲子旅游的一项重要功能和任务，应该是一个连续性的活动，而不是一次简单的讲解活动。要以博物教育为核心，围绕课程、围绕亲子游细分市场的系统性开发，形成一个贯穿"吃、住、行、游、购、娱"各个方面，将教育全程化的活动组织体系，使博物教育不再局限于景点内的讲解[7]。适应亲子旅游的非观光化需求，更多依赖博物馆、公共绿地、保护地等公共资源和公共服务。在"吃"方面，可以进行"食育"，帮助孩子和家长了解食物的来源，旅游目的地的食物特色、本土食材料、餐桌美学等；在"住"方面，了解各地民居，观察民居与当地气候的关系；在"行"方面，了解不同地域、不同历史时期的交通工具。活动开始之前，可以通过网络或其他媒介把知识点进行汇总，方便儿童及家长对相关内容进行"预习"，活动结束后制作"儿童成长相册""亲情相册"，记录旅途中的精彩瞬间。

4 结语

儿童是家庭的核心，儿童是未来的希望。亲子旅游绝不能仅仅是娱乐和商业催生的产物，必须重视博物教育所能发挥的重要作用。博物教育亲子游是一种新型的旅游方式，其所蕴含的力量逐渐为业界所认识、为公众所接受。未来需明确博物教育在亲子旅游中的核心功能，构建与亲子旅游相融合的博物教育体系，

促进亲子旅游产业的纵深发展。随着博物教育理论体系研究的深入、国内亲子旅游市场的成熟、学术界与实业的跨界交流的增多、多学科综合协同能力的提升，相信博物教育对亲子旅游的贡献将越来越大！

参考文献

[1] 刘妍. 我国亲子旅游开发的现状、问题及对策[J], 科技广场, 2013, 11: 206-210.

[2] 刘华杰. 博物学文化与编史[M]. 上海: 上海交通大学出版社, 2014: 1.

[3] 美国科学促进协会. 面向全体美国人的科学[M]. 中国科学技术协会译. 北京: 科学普及出版社, 2001: 13.

[4] 奥兹门·克莱威尔. 教育的哲学基础[M]. 石中英等译. 北京: 中国轻工业出版社, 2006: 147.

[5] 温彭年, 贾国英. 建构主义理论与教学改革—建构主义学习理论综述[J]. 教育理论与实践, 2002, 5: 17-22.

[6] 黄一峰. 自然观察达人养成术[M]. 北京: 中信出版社, 2013: 60.

[7] 吴必虎, 全域旅游、无景区化目的地、旅游供给侧与制度供给不足全域. 来源: http://news.sina.com.cn/zhiku/zkcg/2016-04-19/doc-ifxriqqx3005977.shtml.

拯救大自然缺失症
——儿童身心发展与户外游憩体验

Saving Our Children from Nature—Deficit Disorder: Child Physiological and Psychological Development and Outdoor Recreation Experience

文 / 陈惠美 涂宏明

【摘 要】

儿童在户外环境游戏时间长期不足常引起肥胖、分心、多动和忧郁等大自然缺失症的症状；相对地，如果儿童能经常从事户外活动，则对其身心发展有相当大的帮助。本文从儿童身心发展与游戏理论切入，探讨自然体验对儿童在身体活动、注意力恢复、情绪、幸福感、社交、自然智能等方面的效益；并论述如何通过环境与活动设计给儿童提供户外游憩的机会，以及家长在其间扮演的关键性角色。

【关键词】

大自然缺失症；游戏理论；儿童发展；户外游憩

【作者简介】

陈惠美　台湾大学园艺暨景观学系副教授

涂宏明　台湾大学园艺暨景观学系博士生

1 引言

全球人口不断往都市集中，现今已有超过半数人口居住在都市之中，远离自然。都市环境视觉复杂、噪声、人口密度与快速移动等因素，易造成感官系统疲乏以及刺激生理和心理过度兴奋，造成都市民众注意力涣散与情绪问题[1]。高度的都市化让都市居民少有接触自然的机会，甚至现在许多儿童一出生就处在都市丛林之中，电子产品和游戏的充斥更减少了儿童户外休闲的机会，儿童接触自然的机会越来越少。这种儿童远离自然的状况造成许多儿童发展问题，最著名的是现今常提及的大自然缺失症（Nature-Deficit Disorder）。

大自然缺失症一词出现在理查德·洛夫（Richard Louv）《失去山林的孩子：拯救"大自然缺失症儿童"》一书之中。现代儿童长期与自然环境隔绝，长期处在都市与电子产品环境下大量出现肥胖、注意力涣散、多动和情绪忧郁等问题。他们的自然知识匮乏，认识的卡通人物多于动植物，也不知道餐桌上的食物从何而来[2]。儿童如果经常接触自然环境，对其生理、心理、社交等发展都具有相当大的帮助，然而现今全球的都市化和科技化使越来越多的儿童缺少接触自然的经验，导致儿童出现各种身心发展障碍。因此，本文聚焦探讨儿童身心发展与户外游憩机会与体验。

2 儿童游戏与身心发展

根据发展心理学（Developmental Psychology），儿童每阶段皆有其独特的发展重点与任务，每一阶段的发展都会对其后的发展造成重大影响，发展任务的失败将带来负面影响。在儿童发展过程中，游戏是很重要的行为，可以增进儿童的情绪、社会、智力及身体发展，提升思考和解决问题的能力[3]。游戏行为是基于儿童的自动自发的需求与欲望，探索则是儿童受外界刺激所从事的行为[4]。

儿童游戏包含四类：功能性游戏、建构游戏、戏剧性游戏及规则游戏。功能性游戏包括简单的重复性动作和可以应用在游戏中的基础技术，像是标记、追逐、躲藏、寻找等。建构性游戏是与景观构造有关的游戏方式，包含建筑物、巢穴、海盗船等。象征性游戏为角色扮演，幻想自己为成某种角色，如邮局、警察局、太空冒险、消防车等场所的人物常是小孩想象的对象[5]，这些场景都是儿童喜欢的元素。规则游戏如体育游戏、智力游戏、民间游戏等，是依照儿童之间自己制定的规则所从事的游戏[6]。

不同年龄儿童的身心发展差异颇大，从事的游戏活动也因其认知能力而有所不同。儿童心理学家皮亚杰（Piaget）将儿童认知发展分为四个阶段：感觉动作期、前操作期、具体操作期、形式操作期[7]。各阶段所对应的游戏需求如表1所示。感觉动作期的幼儿仅有重复的动作，如拿着玩具重复摇摆；前操作期的儿童开始了解环境符号，可判断图征表象，通过象征进行思考，借由假想展开游戏，把对过去生活的印象反映到游戏之中；具体操作期的儿童始能将逻辑思考应用于解决问题上，进入规则性游戏阶段，随着年龄的增长，规则游戏的竞赛成分会越来越大[8]。形式操作期的儿童最经常的活动能反应自我意识和需求，并发展异性社会化关系和亲密的沟通活动，如看电影、看电视、阅读、跳舞、听音乐等，这一阶段的儿童逐渐减少规则性的游戏，并主要专注其中一两种活动。

表1 儿童认知发展阶段与游戏需求

认知发展阶段	年龄	儿童游戏需求	内容
感觉动作期	0至2岁	功能性游戏	重复的动作，例如抓、捏、敲、咬、闻、听等
前操作期	2至6岁	象征性游戏	模仿角色行为，典型的活动为扮家家酒
前操作期	2至6岁	建构性游戏	建立构造的游戏方式，例如制作海盗船等
具体操作期	7至12岁	规则性游戏	有规则的竞赛，例如田径、球类活动、智力游戏、民间游戏等
形式操作期	12至15岁	规则性游戏	有规则的竞赛，例如田径、球类活动、智力游戏、民间游戏等

整理自：黄湘武. 皮亚杰认知心理学与科学教育[J]. 科学教育双月刊, 1980, 37: 12-17.

表2 儿童户外游憩空间与活动种类

儿童户外游憩空间	都市街道	校园操场	都市公园 都市广场	游憩区 休闲农场	野外自然场所
活动空间	街道	草坪、跑道、球场设施	步道、慢跑道、球场设施、儿童游戏场、沙坑、游泳池等	草坪、农场、自然生态空间、休憩设施等	山边、海边、森林、登山步道等
活动种类	逛街	田径、球类活动、追逐跑跳等	慢跑/跑步、球类活动、自行车、游泳等	郊游、农场体验活动、生态教育等	野餐、露营、郊游、钓鱼、爬山、划船、登山步道散步、寒暑假露营队、生态教育等
参与时间	平日	◄			假日
活动区位	都市	◄			原野
空间可及性	近	◄			远
环境自然程度	较人工	◄			较自然
接触自然机会	较少	◄			较多

3 自然体验与儿童身心发展

以生命周期为基础的研究越来越多地指出，儿童时期的自然体验是一种重要的生命经验，与儿童生理、心理、社交、智能等发展息息相关。在生理上，校园是儿童进行活动的主要场所，校园中的自然环境或运动场能使儿童产生较久的中度身体活动量，提升活动量将有助于解决都市儿童肥胖问题。自然场所对儿童有恢复注意力的作用，儿童居住环境自然度越高，其认知注意力越好。在心理上，自然环境能缓解儿童的生活压力，经常亲近自然的儿童的压力相对较低，也有良好的调适压力方式，并从中获得幸福感。在社交上，绿地的休闲活动能促进儿童和同伴的互动交流，也可增进家庭之间的互动。随着年龄增长，此等经验在日后能进一步帮助成人后的亲子关系经营。

早期学者对智能的阐释多局限在语言、空间、逻辑等方面，教育学者霍华德·嘉纳（Howard Gardner）于1999年主张应将人类对植物、动物和自然环境理解的自然智能纳入其中[9]。自然智能高者通常拥有敏锐的感觉能力，容易察觉并区分自然界的事物，喜欢户外活动，善于观察周围环境特征，对动物和植物感兴趣等。接触自然除了让儿童亲近生命，提升对自然环境的正面态度，这些经验也会影响青少年对自然的兴趣，以及对社团和科系甚至是职业的选择。因此，自然体验均有助于日后环境行为的养成，并可能促进环境公民的形成[10]。

4 儿童户外游憩机会

4.1 儿童户外游憩空间与体验

台湾近年的儿童休闲活动调查显示，目前儿童最常从事的休闲活动以看电视、逛街为主[11]，因此户外游憩规划成为当代儿童发展的重要议题。儿童喜爱家、庭院、公园、草坪、校园等日常生活空间，也喜欢大型公园、海岸等观光游憩场所。然而儿童平日与假日生活作息不同，其假日与平日的户外游憩机会也随之而异。平日课余时间多在学校的操场进行游戏活动，课后有些会到住家附近的公园玩耍；假日休闲时间较多，才能远离住家，到都市公园，甚至农场、山区、海边等较远离都市的自然环境活动（表2）。

就儿童对环境的偏好而言，绝大多数都属于游戏空间，尤其以公园、草坪、校园操场为最多。这些空间因环境开放，提供了各种游憩机会，不仅能让儿童自由追逐、跑跳，也支持规则性的球类运动[12]。公园是都市儿童最常活动的空间，人们认为公园就是一种游戏场；少子化社会下的孤单，也让人们认为公园是儿童遇到其他玩伴并一起玩耍的最佳场所；更是令家长放心的安全游憩空间。对儿童而言，在草坪活动的障碍较小，因此儿童在此活动的机会大于其他类型的空间，他们也更能自由开发各种创意游戏活动（图1）。校园则是学龄儿童的生活重心，户外活动空间规划必须满足不同认知发展阶段儿童的需求。幼儿园空间需要有功能性游戏、象征性游戏、建构性游戏的设施配置或游具；小学以后需要操场、球场等空间以满足儿童从事各种规则性游戏的需要（图2）。

大型公园、森林等环境较为自然，儿童可以接触植物、动物、水、岩石等自然元素，创造出许多贴近自然的游戏，从而体验地形与空间

图1 公园的大草坪为儿童提供各种游憩机会　　　　　　　涂宏明/摄

图2 公园的沙坑是幼儿进行构建性游戏的重要空间　　　涂宏明/摄

图3 自然空间提供探索机会　　　　图片来源：荒野亲子团台北二团

的变化。像是玩沙石、戏水就对小孩具有吸引力，这些活动能让幼儿通过功能性游戏发展触觉感官与抓捏等各种精细动作，同时能为稍大的儿童进行建筑城堡、桥梁等建构游戏提供材料。树林、岩石或地形变化能为儿童提供探索、躲藏的空间，促进想象与角色扮演等象征性活动发生；也可以令儿童进行滑动、攀爬等大肢体活动，激发冒险性游戏发生。植物的树叶、松果、种子夹、树枝、茅草是让儿童收集、创造和玩耍的天然玩具；儿童也喜欢与动物接触，尤其是狗、兔子、羊等温驯的哺乳类动物。

儿童对于户外空间的喜好有别于成人，他们较偏爱可以探索、躲藏的空间[13]。废弃的场所、老旧的建筑物、森林、山岳、岩壁等丰富的户外空间，最能满足儿童的探索需求。曾有学者研究森林环境特征是否会影响5至7岁幼儿园儿童的游戏行为，结果发现儿童喜欢在松树上攀爬，在落叶树中进行建构性游戏及象征性游戏，在疏密不一的灌丛与崎岖起伏的地形上发展多样化的功能性游戏、建构性游戏及象征性游戏[14]（图3）。

4.2 儿童户外游憩空间与环境教育

台湾自2011年实施"环境教育法"以来，规定学生每年均应参加4小时以上的环境教育课程。其中教师可运用环境资源协助学生进行自然体验，以了解野生动物的生活状况、生态系统的运作情形及环境与人之间的相互关系；或是以户外学习的方式将儿童带至户外环境教育学习地点，通过解说员、影片和实践进行环境教育。环境教育可以有效增加儿童接触自然的机会，改善儿童对环境的态度，同时增进儿童未来进一步接触自然的意愿。

校园环境是儿童除了居家环境外最常接触的环境。学校本身作为环境教育场所，除了增加儿童平日接触自然的机会，改善儿童的发展状况，更能深化儿童保护环境的意识。近年台湾盛行森林小学，许多位于山区的小学发挥其自然环境的优势，同时进行校园屋顶绿化，并建生态池等设施，可为儿童提供野外探勘、品茶、蓝染、野菜料理、溯溪、攀岩、插秧等环境教育课程。这些森林小学吸引了许多希望儿童接触自然、认为儿童接触自然对身心发展有帮助的家长。现在森林小学的学童中，居住在都市地区的儿童甚至比当地儿童更多（图4）。

台湾公立机构经常利用周末、寒暑假时间，借所属自然环境基地为儿童提供户外环境教育和接触自然的机会。例如台北市关渡自然公园利用其自然环境场所提供众多环境教育课程。像是水生昆虫调查环境教育课程、水资源环境教育课程。通过公园的自然环境实际进行环境调查活动，通过解说员指导学习基础科学的相关知识、步骤、观念与逻辑，让儿童从自然环境中发觉自然有趣的地方。同时，增进儿童对湿地环境保育的认识，将湿地的保育观念累积并深植于心。

台湾法人团体、协会或基金会基于环境教育的理念，经常于寒暑假期间提供多元的户外游憩体验与营队，让儿童远离都市、接触自然环境。例如采风户外探索成立的台湾森林冒险学校于2004年开始在寒暑假提供森林的自然体验营队，通过漆弹、高空绳索和合作课程增进儿童发展，每梯次只招收12人的小班课程经常一位难求。相似的课程如

图4 新北市插角小学的校园可作为良好的环境教育场所，增加儿童接触自然的机会

涂宏明/摄

图5 台湾荒野保护协会荒野亲子团活动　　　　图片来源：荒野亲子团台北二团

人本教育基金会的人本森林育儿童营队、荒野保护协会的亲子团和寒暑假营队、山蜗牛工作室的野孩子森林学堂、民间甲虫森林生态教室的暑期生态夏令营等，也都是基于亲近自然有助于儿童发展之理念。

5 亲子关系对儿童户外游憩的影响

由于儿童时期完全仰赖父母照顾，儿童对自然的探索也高度依附在父母对自然的兴趣、偏好、能力与经验之上，因此父母对儿童户外游憩影响甚大[15]。父母的受教育程度、经济水平等诸多因素皆可能影响儿童的休闲活动，但父母喜不喜欢、支不支持，才是左右儿童休闲活动的主因[16]。而且，对于年龄较小的儿童而言，游戏玩耍仍是他们的焦点，他们对自然环境无法有太高的专注力也很难察觉大自然的奥妙，因此需要父母的教导或引导以增进他们对自然体验的认知。即便到了相对有自主能力的中学时期，父母仍是支持儿童接触自然的重要力量，包括同意参与，提供经费、装备。

许多父母在假日或寒暑假期间帮孩子报名户外营队，希望借由有结构、组织与计划的活动设计让小孩深度体验自然，大多数父母仅担任活动选择、出资与接送的角色。近年台湾许多民间团体认识到亲子共同参与的重要性，鼓励亲子户外游憩活动，其中当以1994年成立的台湾荒野保护协会旗下的荒野亲子团为代表性成功案例。荒野亲子团致力于在自然场所中，以亲子共学的方式，每月定期举办一次团体集会，一年共12次活动，每年策划不同活动主题，通过团队活动与家长陪伴，让儿童亲近自然。团体集会活动内容包括生态游戏、自然探索体验、故事引导、自然观察等。该亲子团是一个相互学习、成长和互助的亲子团体，并非只是一般营队或安亲班。游团内的家长共同引导孩子和协助团体运作，家长需要承诺能陪同孩子参与每次团体集会活动，倘若缺席达年活动次数20%即视同自动退团。因此，活动除了让儿童亲近自然之外，也改善了不少亲子之间的关系（图5）。

6 结语

接触自然能为儿童带来提升身体活动量、改善注意力、提升正面情绪、舒缓压力、增进幸福感、改善人际社交等效益，提升自然智能甚至有助于促进对自然的兴趣和环境公民意识。在都市儿童严重缺乏与自然接触的状况下，要解决大自然缺失症带来的儿童发展障碍，必须提升儿童接触户外游憩的机会（图6）。但是目前户外游憩空间规划多从成人需求考虑，鲜有针对儿童身心发展而妥善规划设计的各种适合功能性游戏、象征性游戏、建构性游戏、规则性游戏的环境与活动。

0至2岁感觉动作期儿童的户外游憩空间规划，应以功能性游戏的空间和设施为主。2至6岁前操作期儿童开始发展象征性游戏及建构性游戏，因此无论是幼儿园校园还是公园等自然场所，都应多设计为儿童提供接触植物、动物、水、沙、岩等自然元素的空间与活动，借此训练儿童各种抓捏动作，同时满足儿童探索、躲藏、想象与角色扮演等发展需求。7至12岁具体操作期和12至15岁形式操作期儿童则着重规则性游戏，草坪、跑道、球场等设施不仅能为这些年龄较大的儿童提供大肢体伸展的机会，更能带来游戏竞赛的乐趣，儿童同时可从中学习社会规范与沟通技巧。

图6　登北京箭扣长城写生　　图片来源：北京乐野旅游文化创意有限公司提供

此外，父母对儿童的兴趣养成与身心发展扮演关键性角色。幼龄儿童仰赖父母照顾，因此父母对自然的兴趣、偏好、能力与经验与儿童的自然体验机会息息相关；即使是年纪稍大的儿童，父母的态度与支持仍是影响其参与自然活动的关键因素。是故，如何促进儿童接触自然的机会，除了需要社会关注、专业环境设计之外,更重要的是父母本身的参与和支持。值得庆幸的是,在台湾,已有民间团体集结了许多对儿童自然教育热忱的父母,借由父母间的合作,有计划地寻找适合的活动场所,并针对空间特性设计有趣、好玩的户外活动,吸引更多父母带领小孩走进户外,真实体验自然环境的乐趣,从而中促进儿童生理、心理与社交的发展。如此,方能培养出心智稳定、尊重人与环境,真正的地球公民。

参考文献

[1] Ulrich R S, Simons R F, Losito B D, et al. Stress recovery during exposure to natural and urban environments. Journal of Environmental Psychology, 1991, 11(3): 201-230.

[2] Louv R. Last Child in the Woods: Saving Our Children from Nature-deficit Disorder. Chapel Hill, NC: Algonquin Books of Chapel Hill, 2008.

[3] 陈帼眉,洪福财. 儿童发展与辅导[M]. 台北市:五南, 2001.

[4] 吴幸玲. 儿童游戏与发展[M]. 台北:扬智文化, 2003.

[5] 同[4].

[6] 同[3].

[7] 黄湘武. 皮亚杰认知心理学与科学教育[J]. 科学教育双月刊, 1980, 37: 12-17.

[8] 同[3].

[9] Gardner H. 再建多元智慧: 21世纪的发展前景与实际应用[M]. 李心莹译. 台北:远流, 2000.

[10] 许世璋. 影响花莲环保团体积极成员其环境行动养成之重要生命经验[J]. 科学教育学刊, 2004, 11(2): 121-139.

[11] 陈淑华,方文熙. 台北地区学龄前期儿童母亲亲子休闲阻碍与幸福感之研究[J]. 休闲与社会研究, 2012, 6: 27-40.

[12] Moore R C. Childhood's domain: play and place in child development. Berkeley: MIG Communications, 1986.

[13] Winterbottom D. Garbage to garden: Developing a safe, nurturing and therapeutic environment for the children of the garbage pickers utilizing an academic design/build service learning model. Children's Environments Quarterly, 2008, 18(1): 435-455.

[14] Fjørtoft I, Sageie J. The natural environment as a playground for children landscape description and analyses of a natural playscape. Landscape and Urban Planning, 2000, 48(1-2): 83-97.

[15] Vadala C E, Bixler R D, James J J. Childhood play and environmental interests: Panacea or snake oil?. The Journal of Environmental Education, 2007, 39(1): 3-18.

[16] 曾钰琪,王顺美. 都市青少年自然体验发展特质之多个案研究[J]. 环境教育研究, 2013, 10(1): 65-98.

绿色运动对儿童体能及健康生活质量之研究
The Influence of Green Exercise on Children's Physical Activity and Quality of Life

文 / 曾慈慧 杨淑玫

【摘 要】

探讨儿童于不同环境中行走所产生的身体活动量、自尊、注意力与健康相关生活质量的关系。研究选取桃园县市区及乡村型小学各一所，并随机抽取五年级有效样本共142位儿童，分成自然环境组、建成环境组及控制组，以准实验设计进行实验。研究结果如下：1.在不同环境中进行快走对儿童自尊改变量有显著差异，自然环境中的自尊正向改变最高，在自然环境中进行快走对儿童正向自尊改变量显著。快走活动对儿童负向自尊改变量也较显著。2. 在不同环境中进行快走对儿童注意力改变量有显著差异。3.在不同环境中进行快走对儿童生活质量之生理功能改变量有显著差异，也以自然环境中快走的改变最高。4.绿色运动对健康相关生活质量的心理功能具显著影响。本结果可为儿童旅游规划、儿童休闲活动规划或健康促进等相关单位作为协助提升儿童身体活动量与增加福祉提供参考。

【关键词】

身体活动量；生活质量；绿色运动

【作者简介】

曾慈慧 新竹教育大学环境与文化资源学系副教授
杨淑玫 新竹教育大学环境与文化资源学系硕士生

1 绪论

儿童时期的肥胖会影响其成长与社会心理的发展,更会在成年时提高相关慢性疾病的罹病率和死亡率。研究显示,适当的体能活动对学童与青少年能起到提升社会支持、降低血压、维持免疫系统运作、降低日后罹患骨质疏松症的概率以及增大骨质量、增进健康体适能、降低沮丧和焦虑、增进自尊、缓和情绪等作用[1]。长期处于室内的生活状态,除了降低儿童身体活动频率,更减少了儿童与大自然接触的机会。2009年,美国首次提出"不留任何儿童在室内"(No Child Left Inside)提案,该提案鼓励提供环境教育基金,并提升幼儿园到高中阶段儿童的环境素养,以帮助了解、分析与解决环境问题。因为担忧青少年和儿童多待在室内看电视、上网及玩电动游戏,会造成身心发展问题,所以主张每个儿童都应有爬树、接触青蛙和昆虫、发现荒野、观赏星空、探索生态小区等权利(图1)。

与欧美相比,亚洲孩子待在教室里的时间更长,接触户外及进行体能活动的机会更少。国外倡导的绿色运动(Green exercise)就是身处自然环境的同时也进行身体活动(图2),并产生协同的效益[2],然而并未针对儿童进行讨论,因此本研究的目的是探讨儿童在不同环境活动所产生的体能与健康相关生活质量的差异,并为儿童旅游或者休闲活动规划提供参考。

图1 大自然中的亲子活动 王会龙/摄

图2 在自然教育的环境中加入体能活动(新加坡动物园) 图片来源:作者提供

2 文献回顾

2.1 绿色运动

巴顿(Barton)等人认为绿色运动就是在自然环境中从事体能活动[3],因此英国有绿色健身房计划(Green Gym)。台湾将绿色运动定义为:在自然环境下所从事的休闲体验活动,且其参与行为与过程需符合低碳、自然无人工的性质条件,可泛指任何在城市绿地区域中从事的自行车、健走等活动,也包含在山林、水间从事的散步、攀岩与溯溪等的游憩活动[4](图3)。巴顿和普雷蒂(Pretty)指出,忧郁症患者较正常人心理健康改善程度更为显著[5]。有些研究则对运动强度与持续时间对改善心理健康的效益有不同看法[6]。综观而言,绿色运动主要强调人们主动参与并体验的过程,通过实践活动来改善人与自然环境的互动关系,达到生理、心理平衡与环境的永续(图4)。

普雷蒂(Pretty)、皮考克(Peacock)、赛勒斯(Sellens)和格里芬(Griffin)将100名受测者分为5组,研究人员发现身处愉悦的城市和农村图片组者其血压显著降低,在情绪上也有更积极的反应。此外,愉悦的农村图片组的血压降幅最大及自尊显著增加[7]。巴顿等人探讨游客在英格兰东部的遗产地步行后其自尊和情绪的变化,结果发现游客离开旅游地时的自尊得分均显著高于刚抵达的游客,整体情绪与活力也显著提高,而负面感觉减少[8]。巴顿和普雷蒂分析了10项研究后,发现在自然环境中进行绿色运动,不论男女在自尊方面都有相似程度的改善[9]。柯世宗以定性的访谈方式获得以下结论:(1)学童自觉从事绿色运动和休闲活动的最大收益是与家人感情更紧密;(2)人们会因绿色运动和休闲活动的新奇性、刺激度及个人经验而对其产生不同程度的期待(图5)。上述研究可证实绿色运动能提升平衡与协调性,对心理健康具正向效益[10]。

2.2 自然环境与身体活动及健康相关生活质量之相关研究

运动可提升青少年的专注力,并改善学业表现。学童在校活动,是与同伴互动、学习人际关系的好机会,在游戏过程中可学习自我控制、遵守

图3 垦丁海边嬉戏　　　　　　　　　　　包一旻/摄

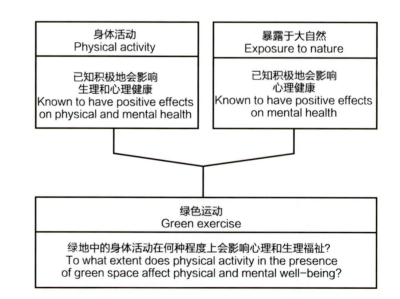

图4 绿色运动概念图
资料来源: University of Essex(27, June, 2014).

图5 瑞士皮拉图斯山吊索公园斜坡上的滑道（可以不同速度体验大自然）　　　　图片来源：作者提供

图6 自然造型的游戏器具可让儿童学习如何在自然环境中生活　　　　图片来源：作者提供

团体游戏规则，并获得解决问题的能力。而以往研究表明，儿童身体活动量受其所处环境的影响，如家附近交通环境和安全度、家与公园的距离[11]、大自然的因素[12]，以及家庭所处区域[13]等（图6）。

"健康相关生活质量"的研究越来越受到各领域学者的重视，儿童的健康问题与需求与成人有很大的差别。步行意愿越高的儿童，越能改善其生活质量。栾婉玉、林晏州利用Necker量体模式控制的注意力测验（Necker Cube Pattern Control，NCPCT）进行实验，结果显示观看自然景观图片后,受测者注意力表现显著高于人工图片[14]。徐瑞梅、刘淑滢发现自然体验的班级活动对提升学童的身体与社会自尊有显著效果[15]。

3 研究方法

本研究采用准实验方法的等组前后测设计,受测学生均接受各项量表的前、后测。考虑受访者需能自我填答问卷且行动自如,本研究以桃园县五年级的儿童为研究对象。为方便抽样将学校依教育部班级规模分为市区、乡村两类,选择符合研究设计的学校(需有建成环境体育场与自然环境体育场)并询问参与本计划的意愿,最后共有两所小学各三个班愿意参与,总计共153名学生,实验环境如表1。调查问卷涉及学童身体活动量、自尊、日常生活中的自我注意力,以及儿童生活品质。问题的设计全部基于现有文献。

本研究安排户外及建成环境组学童进行快走活动,每天一次,每次进行10分钟,为期2周。"快走运动"是种自然且不需要技巧的运动,所产生的运动伤害也较小,具有方便性,在居家环境中即可实行,不需特殊工具或器材,易被儿童接受。实验进行前,先请五年级某班级同学到操场实际测验100m距离的步次,将全班同学的步次平均后,得到学生的平均步距为73.71cm。再根据林正常、王顺正对"快步走"的定义计算出学生每分钟约走122步[16]。

巴顿与普雷蒂指出,从事绿色运动达5分钟即可使个体产生心理健康效益[17]。陈顺益、江彦政发现从4分钟至20分钟,观赏自然环境均对人体生理和心理有显著效果[18]。为了配合学校作息,本研究订出快走活动时间为10分钟。实验处理时,以每分钟122步的速度设定节拍器,并由训练有素的引导员配戴电子节拍器,依节拍器的节奏行进,其他学童亦以相同速度依序行进。而控制组则不进行任何运动介入。

4 结果

研究进行时间为2013年4月至5月,实际施测样本数为153人,包含前、后测问卷共计有效问卷284份(可用率为92.81%),其中男性68人(47.9%),女性74人(52.1%)。都会型学校学童81人(57.0%),乡村型学童61人(43.0%)。自然外环境组实验学童49人(34.5%),建成环境组实验学童46人(32.4%),控制组实验学童47人(33.1%),自然环境组学童略多。

研究首先对自尊变量进行因子分析,抽离出两个主要的因素,分别是正向自尊及负向自尊,两个因素共解释57.7%的变异量,信度为0.7。接着使用单因子变异数进行统计分析,并以Scheffe法进行事后比较。通过单因子变异数分析可以发现:(1)自然环境组与建成环境组的身体改变量显著大于控制组;(2)自然环境组的自尊正面肯定改变量显著大于控制组,自然环境组与建成环境组的负面评价改变量也显著大于控制组;

表1 市区与乡村学校实验环境

	市区型学校实验环境		乡村型学校实验环境	
自然环境				
建成环境				

图7 与大自然亲密接触　　　　　　　　　　　　　　　　图片来源：李咪咪提供

（3）三组之间在不同运动环境中的注意力改变量无显著差异；（4）在健康相关生活质量改变量的差异中，生理功能部分在户外与控制组、建成组与控制组均有显著差异。户外与人工组的健康相关生活质量生理改变量显著大于控制组。然而在心理功能部分，三组之间无显著差异。

最后研究进行了多元回归分析，以三组儿童的身体活动量改变量、正向自尊改变量、负向自尊改变量及注意力改变量为自变项，以健康相关生活质量的生理功能改变量为因变项，由于F值不高，显示三组儿童的自变项对健康相关生活质量生理功能不具有影响力。以"健康相关生活质量的心理功能改变量"为因变项，结果显示自然环境组儿童的四个自变项对"心理功能改变量"具有影响力，其中仅有"负向自尊改变量""注意力改变量"达显著水平，因此可以推论通过"负向自尊"及"注意力"对"健康相关生活质量的心理功能改变量"可以正向预测心理健康生活质量（亦即负向自尊与注意力改善越多者，心理健康生活质量越高）。

5 结论

研究发现进行快走活动对儿童身体活动量的改变量有显著差异，从事绿色运动对于儿童"正向自尊"与"负向自尊"改变量也有显著差异，此研究结果也与巴顿等的研究结果相符——从事绿色运动可增加增进自尊。对于在不同环境中运动对"注意力"的影响，结果发现三组儿童的注意力改变量不具显著差异。此结果与前述文献中运动介入能提升儿童注意力表现的结果不同，可能因实验进行的时间不足，或许是快走的活动与前述研究所介入的活动不同，因而无法达到显著差异。

再者，通过差异性检定发现，在不同环境中进行快走对儿童生活质量之生理功能改变量有显著差异，其以自然景观环境中的改变量

图8 北京房山探洞，观察到冬眠的蝙蝠
图片来源：北京乐野旅游文化创意有限公司提供

图9 北京密云亲子岩降
图片来源：北京乐野旅游文化创意有限公司提供

最高；然而对儿童生活质量心理功能改变量并有显著差异。最后，本研究发现以自然环境运动的儿童的身体活动量改变量、正向自尊改变量、负向自尊改变量及注意力改变量来预测健康相关生活质量之心理功能是成立的，尤以负向自尊与注意力改善越多者，心理健康生活质量越高，代表绿色运动对心理层面的健康相关生活质量具有显著的正向影响。

综合以上的结果，本研究针对研究发现及后续研究提出以下建议：

（1）鼓励学生多利用课余时间进行身体活动。

学校是儿童产生身体活动量最多之处，但下课时间所产生的身体活动量仍然不足，若学校在安排作息时，每日能有一、两次较长时间的下课休息，让儿童能到运动场所活动，这样较易达到中度到激烈程度的身体活动量，也符合世界卫生组织所建议的标准[19]。

（2）鼓励学生走出教室，实际接触户外环境。

接触大自然已证实可以纾解儿童的压力，增进学童的注意力。而户外空间亦可培养儿童创造性玩耍的能力，刺激儿童的所有感官，将休闲玩耍和正当学习结合起来（图7、图8）。

（3）在儿童旅游与休闲中融入自然与运动。

从本研究结果中可以得知，自然环境中的运动显著优于建成环境，因此建议亲子的户外旅游多以国家公园、国家风景区、森林游乐区、牧场、农庄等地为旅游目的地，也可以安排自然探索营队。在规划休闲活动时也尽量创造儿童在大自然间跑跳攀爬的机会，例如登山、攀岩、攀树、溯溪、划船、定向运动（图9、图10）。

（4）规划校园环境及公共环境时纳入自然元素。

桑博尔斯基（Samborski）谈到处于生物较多样的校园，儿童的户外体验质量较丰富，儿童的偏好也较多元且更倾向于自然[20]。而多元、有趣的自然环境元素可唤起儿童对自然的喜爱与投入，让儿童有更多机会从事机能性、结构性与象征性的游戏，如树洞、树屋与森林秋千等。

参考文献

[1]吴姿莹,卓俊伶.身体活动与青少年健康[M].苗栗县："国家"卫生研究院,2005.

[2]Barton, J., Hine, R., & Pretty, J. The health benefits of walking in greenspaces of high natural and heritage value[J]. Journal of Integrative Environmental Sciences, 6(4). 1-18, 2009.

[3]同上

[4]柯世宗."国小"高年级学童参与绿色运动休闲认知、态度与体验[D].台北："国立"体育大学2011.

[5]Barton, J., & Pretty, J. What is the best dose of nature and green exercise for improving mental health? A multi-study analysis[J]. Environmental Science and Technology, 44. 3947-3955, 2010.

[6]Mackay, G. J. S., & Neill, J. T. The effect of "green exercise" on state anxiety and the role of exercise duration, intensity, and greenness. A quasi-experimental study[J]. Sychology of Sport and Exercise, 11(3), 238-245, 2010.

[7]Pretty, J., Peacock, J., Sellens, M., & Griffin, M. The mental and physical health outcomes of green exercise[J]. International Journal of Environmental Health Research, 15, 319-337, 2005.

[8]同[2].

[9]同[5].

[10]同[4].

[11]Mowen, A. Research synthesis. parks, playgrounds and active living[J]. Active Living Research, 27(2), 191-204, 2010.

[12]Godbey, G. Outdoor Recreation, Health, and Wellness. Understanding and Enhancing the Relationship[M]. Washington DC. Resources for the Future, 2009. [2016-10-14].

[13]Sandercock, G., Angus, C., & Barton, J. Physical activity levels of children living in different built environments[J]. Preventive Medicine, 50(4), 193-198, 2010.

[14]栾婉玉,林晏州.不同景观型态对注意力之影响[J].造园景观学报,2007,13(2).1-24.

[15]徐瑞梅,刘淑滢.自然体验班级活动提升国小中年级学童自尊效果之研究[J].体验教育学报,2009,3.43-66.

[16]林正常,王顺正.健康运动的方法与保健[M].师大书苑,2002.

[17]同[5]

[18]陈顺益,江彦政.自然环境刺激时间对心理效益之影响[C].第十五届休闲、游憩、观光学术研讨会暨国际论坛,台中,台湾,9月27-28日,2013."中华民国"户外游憩学会.

[19]曾慈慧,丁志坚,吕明心,黎俊彦.学童的校园空间移动模式与身体活动量关系之初探[J].健康促进与卫生教育学报,2012,38.27-48.

[20]Samborski, S. Biodiverse or barren school grounds. Their effectson children[J]. Children, Youth and Environments, 20(2), 67-115, 2010.

图10 北京房山自然岩壁攀岩

图片来源：北京乐野旅游文化创意有限公司提供

快速城市化背景下广州市儿童公园建设的经验与启示

Reserving Urban Nature Space for Children: Experiences from the Development of Children's Park in Guangzhou

文 / 陈 淳 范学刚 朱 竑

【摘 要】

儿童是城市未来的主人。随着儿童人数的激增,为儿童提供安全有趣的户外休闲游乐空间成为城市建设中极为重要的事情。文章了梳理广州市儿童公园的历史性变迁以及政府主导下的广州市"1+12"儿童公园群的建设历程。强调了政府在资源配置和运营模式中所起的作用,并对儿童公园如何保持其公益性以及儿童的真正参与进行讨论,认为儿童公园可以成为进一步探讨儿童休闲旅游体验的案例地。

【关键词】

儿童公园;城市化;政府;广州

【作者简介】

陈 淳 华南师范大学地理科学学院讲师

范学刚 华南师范大学地理科学学院硕士生

朱 竑 华南师范大学地理科学学院教授、博士生导师

注:本文图片均由广州市儿童公园管理处提供。

图1 广州市儿童公园正门

1 城市儿童激增和儿童户外休闲空间不足的矛盾

根据全国第六次人口普查数据，我国0~14岁的儿童总数约为2.2亿，占总人口的16.60%。而按城市人口在总人口的比重推算，城市儿童则约为1亿人。儿童是城市未来的主人，应该是城市文明成果最早的受益者。但是城市化进程令车流进入、绿地减少或被分隔、街道不再安全，孩子可以自由活动的空间也随之减少。如何在城市这一高度人工化建成环境中满足儿童的日常休闲需求、顺利实现其自身的社会化过程是一个非常值得探讨的话题。

随着现代社会的发展，城市儿童绝大部分休闲活动都集中在室内空间（家和商场等）以及制度化空间（学校和教育培训机构等）中。社会流动性的加剧，外来人口的大量涌入，城市社会逐渐由传统熟人社会向陌生人社会过渡，雅各布斯所描绘的传统城市社区密切的邻里关系正逐渐消失[1]。在这种背景下，儿童在离开家人视线的公共空间中玩耍将处于充满风险和极大不确定性的环境中。同时，机动车辆的广泛使用和城市公共空间的专业化功能划分也降低了儿童在公共空间中自由玩耍的可能性。在物质和话语层面上，原本儿童可以自由自在玩耍闲荡的街道、邻里等空间逐渐成为危险的或者说"格格不入"的，只有在成年人的陪伴下才能涉足的空间[2]。加斯特（Gaster）指出，随着城市的发展，社区、邻里等空间越来越不适于儿童自由玩耍[3]。在被喻为"钢筋水泥森林"的城市空间中，行动能力有限的儿童在成长过程中面临着无处可去的窘境，父母对儿童空间自由的要求和限制越来越多[4]。

同时，在经济发展理念指导下的城市规划与开发中，满足经济发展需求的实体建筑和交通道路等基础设施是核心，而涉及儿童的基础设施配套严重不足。虽然在城市规划和新区建设中，公共绿地面积增长较快，但多是沿道路的景观带或者商业地产附带的仅具有视觉观赏价值的绿地空间。原有适宜儿童游乐的空间（如街道、单位大院、空旷地等）的大量消失和城市陌生人社会的高度发展让城市管理者不得不思考通过特定的城市管治手段为儿童开辟专属的游乐空间。

在上述背景下，儿童公园作为专业化的儿童休闲空间进入大众与政府的视野。儿童公园指综合性儿童公园，一般设于城市中心区域、交通方便地段，面积较大，内容较全

图2　广州市儿童公园七彩滑梯

图3　广州市儿童公园戏水区

面，服务全市少年儿童，综合性儿童公园分全市性公园和区域性公园。已有研究主要集中在儿童公园规划与设计方案、儿童公园建筑材料的选取标准、设计的基本原则、在规划过程中儿童参与的可能性等[5]，对儿童公园规划过程与建成机制关注较少。文章以广州市新儿童公园为例，关注政府在儿童公园规划和建设中的作用，以期为其他城市儿童公园的建设提供有意义的借鉴。

2 追溯广州市儿童公园的发展历程

广州市儿童公园最早是人民公园，1955年改为广州市动物园，1958年改成广州市儿童公园，面积约为21000m²。从建园起至20世纪70年代初，公园里的设施都十分简单，只有滑梯、跷跷板、秋千等。作为广州唯一的儿童公园，它为几代广州人留下了美好的童年记忆。2000年，在地铁一号线地下施工过程中，在儿童公园地下发现南越王宫署遗址，为了便于遗址的保护与挖掘，广州市政府决定将儿童公园搬迁、异地重建。原儿童公园于2001年12月15日正式关闭，市政府重新选址于越秀区内的人民南路与一德路交界的一个地块，总用地面积仅13690m²，净用地面积11196m²，较原公园大约小一半。新的儿童公园于2004年12月正式竣工投入使用（图1）。新儿童公园分地上一层和地下两层，在这个1.1万m²大小的、广州唯一一个儿童公园的狭小空间里，挤了91个游乐项目，但游客入园最大承载容量仅为8000人，园内道路狭窄，一到节假日，每个项目都得排长队，家长更是多到无处可站，此时的儿童公园像是一个挤满儿童游乐设备的儿童游乐场，狭小的面积和过密的游戏器械让儿童公园根本无法满足广州300多万儿童的休闲活动需求（图2、图3）。

除了这一个专业的儿童公园，其他综合公园中儿童活动场地也十分有限。据统计，当时广州市属及区（县级市）属公园总面积为1463.6万m²，而公园内儿童活动场地总面积的27.3万m²，只占公园总面积的1.87%，儿童人均活动场地面积还不足0.14m²。而人口稠密的越秀、海珠及荔湾区情况更为严峻，人均占有活动场地面积仅为0.059m²。其他综合公园如流花湖公园、天河公园等虽设有儿童游乐场，但这些游乐设施多由私人承包，每个项目收费在5~20元不等，一天下来花费也需百元左右。而秋千、滑梯、跷跷板等免费项目则在公园里不见踪影。儿童活动场地不足导致儿童户外活动严重缺乏。

究其原因，一方面，城市看起来似乎是很好的公共空间，但实际上它受私人空间和难以预测的权力地理学所操控[6]。城市是属于成人的城市，成人社会总是用未来导向的视角来看待儿童，很少关注儿童当下的生活，很少关注他们当时的生存状态和需要。在当时城市人口、经济水平和思想认知的影响下，儿童被更有权力的成人推到社会结构的边缘，儿童成长环境的营造被忽略。当问题出现时，城市用地已经无法支持这些配套设施的扩容。

另一方面，儿童相关配套设施的经济效益微薄，大多不属盈利性项目，主动介入者少。商住用地的拍卖对小区的配套有商业、学校等硬性要求，却没有专门针对儿童玩耍区配备的硬性要求，各区级公园和社区也不愿意承接上级政府下放的儿童游乐项目。儿童公园的建设只有社会效益而没有直接的经济利益，整体利润微薄，商业资本不愿意主动介入。

3 政府主导下的广州市新儿童公园建设

为了切实解决广州市少年儿童活动场地不足的问题，让儿童拥有快乐的童年体验，从2010年起，广州市妇联多次向人大政协和市领导提交关于建设新广州儿童公园的提案议案和调研报告，该情况引起了社会各界的广泛关注和市委市政府的高度重视，之后市区两级儿童公园建设被列入了新型城市化发展战略中的民生幸福工程。在这一过程中，广州市妇联牵头建立分阶段负责制、项目联席会议制和督办协调机制，实地开展选址调研，召开儿童公园规划建设座谈会，向规划部门提出一系列建议，争取市委市政府的支持，大力推进"1+12"儿童公园群落建设。

2012年，《中共广州市委广州市人民政府关于推进民生幸福工程的实施意见》提出，到2015年要建成新广州儿童公园，力争各区（县级市）各建有1所儿童公园；有条件的，财政要投入综合性公园，按园区陆地面积5%~10%的比例设置儿童户外公共活动场地，并设置一定比例的免费游乐设施。每个社区（村）设有1个儿童活动场所并设置免费游乐

图4 广州市儿童公园中的小园林

图5 广州市儿童公园大片的草地

设施。2013年3月25日,广州市规划委员会通过"广州市、区两级新儿童公园'2+12'选址方案",标志儿童公园工作正式进入实施操作阶段。2013年5月,《广州市儿童公园建设指导意见》出台,下发各区(县级市)执行,要求在城市综合性的公园内,为儿童开辟专区,旨在规范广州市儿童公园规划、建设、管理工作,进而有效提升儿童公园规划建设质量。2013年5月29日至6月6日,全市13个儿童公园设计方案(市级儿童公园先期启动1个)进行公示并征求意见。2013年7月29日,广州市政府常务会议审议并原则通过了《广州市儿童公园建设工作方案》。2014年6月

1日，广州共有8个儿童公园免费对外开放：市儿童公园以及海珠、番禺、白云、南沙、增城、黄埔和萝岗的儿童公园。2015年6月1日，广州新建了荔湾、天河、从化、花都4个区属儿童公园，广州市儿童公园二期完成，加上其他8个区属儿童公园也完成整体建设，13个儿童公园在儿童节同步亮相（图4、图5）。

近三年的时间，广州市儿童公园在数量上从1个增加到13个，在面积上从1.1hm²增加到173hm²；在布局上从市中心城区均衡扩展到各区；在功能上涵盖少儿科普、趣味运动、职业体验、山地森林、动漫娱乐等（图6、图7）。新儿童公园已经成为具有岭南特色、全国规模最大的儿童公园群。全国首创的"1+12"模式，即一个市级的中心儿童公园，加每个区一个儿童公园的体系结构，使得资源分散化、均匀化。13个儿童公园"一园一主题"，形成"安全性、趣味性、科普性、通达性和差异性"儿童专类公园体系（表1）。

环顾"北上深"一线城市，由政府主导建设的儿童公园并不多见。在广州市儿童公园的建设中，从土地的划拨、财政资金的投入、规划论证以至后期的建设、管理，广州市政府及下属相关部门都发挥着决定性的作用。首先，政府主导保证了资源配置的公平性。市场配置资源追求的是经济的可持续增长而非社会公平，但社会公平却涉及绝大多数人的根本利益。政府通过重大利益关系的调整，特别是通过公共财政建设，让包括儿童在内的全体市民能够充分共享经济发展的红利。其次，政府的主导体现在儿童公园的运营模式上，

表1 广州市"1+12"儿童公园设计主题及主要活动区

儿童公园	主题	活动区
广州市儿童公园	金穗童年	戏水区、花林草浪、游乐园、科普区
白云区儿童公园	金色童年 梦想起航	游乐活动区、文化艺术区、科普运动区
海珠区儿童公园	让孩子撒野的生态乐园	野外拓展区、远古沙丘区、野人乐园区、巨人海滩区、自由花园区、开心农场、迷雾溪谷
黄埔区儿童公园	快乐运动	极限运动区、动感乐园、观光乐园、魔幻城堡、滨水休闲区
荔湾区儿童公园	我是小小探险家	繁星广场、机械迷城、花湾冒险园、星际乐园、宝藏湾、奇幻自然园
萝岗区儿童公园	树林里的秘密	旱喷广场、服务小火车、科普平台、野趣平台、探险平台
南沙区儿童公园	海天乐园	植物迷宫、戏水沙滩、大草坪、阳光伞广场、儿童足球场、儿童器械活动区、海贝馆
增城区儿童公园	大树上的精灵王国	入口广场区、主轴大道、市民健身区、山体园区、林下儿童活动区
花都区儿童公园	花林美景 都市童趣	气象天文科普馆、欢乐谷、童趣游乐园、亲亲蔬果园、消防安全主题公园
番禺区儿童公园	岭南水乡的阳光童年	阳光大草地、游乐场、儿童影视基地
天河区儿童公园	星河童年	入口广场区、农耕科普园、儿童游乐区
越秀区儿童公园	智能机器人	智慧谷、交通城、室外活动区
从化区儿童公园	树·雨露·成长	水上舞台、淘气屋、泡泡乐园、探险营地、大航海时代

图6 广州市儿童公园儿童交通安全体验园

图7 广州市儿童公园儿童交通安全体验园

图8 广州市儿童公园园内雕塑

发展的动力。通过财政投入和社会资本合理配置的模式来确保儿童公园的可持续运营。

4 结论与讨论

（1）政府主导下的广州市儿童公园，保障了资源分配的公平性，有效地促进了城市基础设施的完善，为居住在城市的儿童提供了友好型的游戏空间。但是，儿童公园作为政府提供的公共服务产品，如何保持它的公益性是最重要的。只有充分保证它的公益性才能进一步增强市民对它的亲近感与认同感。

（2）儿童是城市未来的主人，儿童公园的主角是儿童，在规划中要重视儿童的观点和体验，在公众参与环节要真正做到儿童参与，采纳儿童有建设性的意见。如果参与仅仅意味着被聆听或者是受到咨询，那么这些都是非常消极的参与[7]。真正有意义的儿童参与应该是，儿童的意见必须得到恰当的对待，儿童的参与也必须带来改变。

（3）儿童已经成为旅游市场中非常有潜力的群体。但基于儿童视角的儿童休闲和旅游体验是旅游研究中的一个断层[8]。已有研究多是基于父母视角下的家庭旅游，或者将儿童视为旅游活动中的被动参与者。广州市儿童公园为探讨儿童的休闲旅游体验提供了案例地，可以尝试在此倾听儿童的声音，分析在儿童公园这一儿童专属游乐空间里，成人与儿童体验的差异性、儿童与儿童在游玩中的同伴文化等，为亲子旅游线路的设计以及儿童游戏空间的规划设计提供参考（图8）。

既有政府部门的行政管理，同时也有市场化运作，做到公益性和营运性共存，在充分保证公园的公益项目和免费项目下，参考国内外大型游乐园的先进管理模式，引入专业运营管理公司负责公园运营，令公园有持续

基金项目

广东省自然科学基金（2016A030313427）、教育部人文社会科学青年基金（15YJCZH009）

参考文献

[1] 简·雅各布斯. 美国大城市的死与生[M]. 北京: 译林出版社, 2006.

[2] Sibley D. Families and Domestic Routines: Constructing the Boundaries of Childhood [M].//Pile S, Thrift N. Mapping the subject: geographies of cultural transformation. London: Routledge Falmer, 1995: 30-39.

[3] Gaster S. Urban Children's Access to Their Neighborhood: Changes over Three Generations [J]. Environment and Behavior, 1991, 23(1): 70-85.

[4] Witten K, Kearns, R Carroll, P et al. New Zealand parents' understandings of the intergenerational decline in children's independent outdoor play and active travel [J]. Children's Geographies, 2013, 11(2): 215-229.

[5] 张谊, 戴慎志. 国内城市儿童户外活动空间需求研究评析[J]. 中国园林, 2011, 27(02): 82-85.

[6] Jenks C. 'Decoding Childhood'. In Atkinson P, Davies B, Delamont S (eds), Discourse and Reproduction: Essay in Honour of Basil Bernstein, Cresskill N. J.: Hampton. 1995.

[7] Sinclair R. Participation in practice: Make it meaningful, effective and sustainable [J]. Children & Society, 2004, 18: 106-118.

[8] Small J. The absence of childhood in tourism studies [J]. Annals of Tourism Research, 2008, 35(3): 772-789.

泰国普吉岛幻多奇乐园（Phuket Fantasea）

亲子旅游产品开发
Product Development for Children Tourism

董二为 荒川雅志　　日本家庭旅游

李艳红 万群艳 胡 涛　　论儿童旅游产品开发的创新：以国学教育产品"孔子说"为例

王 静 刘明忆　　亲子旅游的 3W5P 模式：宁夏"爱和自由"教育文化之旅案例

李宗强 盛永利　　亲子产业带动主题景区多元化发展：以青岛藏马山为例

刘 佳　　大海中的自然教育：关于青少年的潜水旅游

刘慧梅　　亲子教育的主题化发展之路——以童乡亲子农场为例

姜丽黎／摄

日本家庭旅游

Family Tourism in Japan: History, Development and Implications

文 / 董二为 荒川雅志

【摘 要】

虽然亲子旅游与儿童旅游在旅游研究中并未受到足够的重视,但是其影响范围涉及国家政策、旅游及休闲业的发展和旅游学科研究的走向。日本的家庭旅游已经发展了一百余年,其范围包括亲子旅游、带婴儿家庭旅游和孕产妇旅游。本文以日本家庭旅游为例,对亲子旅游、带婴儿家庭旅游、孕产妇和亲子两人(父母亲和孩子)旅游从历史的角度进行剖析,研究其发展走向,明确家庭旅游的意义,并从中找到对中国旅游休闲发展可借鉴之处,扬长避短,使家庭旅游在中国正确和健康的发展。

【关键词】

日本;家庭旅游;亲子旅游;孕产妇旅游

【作者简介】

董二为　美国体育学院休闲管理系副教授

荒川雅志　日本琉球大学观光产业学院教授

1 前言

中国、日本和韩国虽然文化相似又彼此邻近，但是因为经济处于不同发展阶段，旅游发展的程度也存在差别。在这三个国家中，日本的经济和旅游是最早发展的。在第二次世界大战之后，日本缺乏旅游景点，国民休闲的机会更是匮乏，甚至赏猴都成为大众休闲的主要活动，猴子园在日本应运而生[1]。然而二战之后的日本由于没有经历过多的经济和政治波动，日本迎来了发展的机会。从1964年开始，以举办东京奥林匹克运动会为契机，日本的经济呈现高速增长，主要表现在新干线火车的开通以及东京国际机场的启用。这些旅游硬件的发展，无疑对日本旅游业的发展起着至关重要的作用。包含亲子旅游的家庭旅游早在100年以前就在日本开始，并且国内旅游在2000年之前一直占日本旅游的主导地位[2]。中国近年来的经济发展模式与20世纪60年代日本相似。2008年北京奥运会的举办，以及随之而来的高铁的发展和近十年经济的高速增长，也都对中国旅游发展起到了极大的促进作用。从历史上来看，日本旅游要比中国早半个世纪发展，所以对日本家庭旅游的研究，无疑是对中国旅游发展很好的借鉴（图1）。

2 亲子旅游和家庭旅游

"亲子"的词源为汉语，但是在日语中被广泛使用。其中最有名和常用的是"亲子丼"。亲子丼最早出现在1890年前后东京的餐饮业。翻译成中文意思是"鸡蛋鸡肉饭"。鸡肉代表着父母，鸡蛋代表着孩子[3]。在日语中，有亲子教室、亲子沙龙等组合，所以亲子旅游的意思就不难理解了。在日语当中，用"观光"和"旅行"来描述中文意义的"旅游"。也可以说，"观光"和"旅行"在大多数

图1 日本东京迪士尼乐园是家庭出游的热门选择

图片来源：赵率提供

图2 日本东京上野公园的家庭旅游者　　龚楚峡/摄

图3 快乐的小伙伴　　王会龙/摄

场合下可以互换使用，但是严格来讲，"观光"是有着正式和商业性质的旅游，而"旅行"概括广泛并包括各种形式的旅游活动。

讲到日本亲子旅游或者儿童旅游，首先应该知道"家族旅行"（family travel）这个词的来历和历史背景。"家族旅行"是日本汉字，其意思和中文的"家庭旅游"一致。在日本的明治时期（1868~1912年），富裕阶层使用近代交通工具代表着近代旅游的开始，这也预示着"家族旅行"的萌芽。明治44年（1912年），杂志《妇人世界》新年号附录上出现的"家族旅行日本名所双六"，是"家族旅行"第一次出现在公开发行的杂志上[3]。大正末年（1926年）《旅》杂志创刊号出版发行，预示着居住在城市里的新兴中产阶级利用闲暇时间旅游时代的开始，促成了家庭旅游流行。家庭旅游从狭义范围来定义是指以包括一起生活的孩子的家庭成员和亲属为中心的一同出行的旅游。在二战以后，日本经济的高速发展，交通网的不断完善，促进了家庭旅游发展。1960年第一次出版了以"家族旅行"为题目的旅行手册。但是当时的旅游观光以团队为主，家庭旅游为辅。家庭旅游真正开始普及的时间是从1970年的大阪世界博览会开始，并且随着自驾车的普及，家庭旅游逐步稳定化（图2），这体现在从1976年开始到2006年家庭旅游占总旅游人数的30%上[4]。

随着家庭旅游的发展，对家庭旅游的定义也变重要起来。2004年日本国土交通省在《长期家族旅行国民推进会议报告书》中对家庭旅游作了如下的定义[5]：家庭旅游不

图4 美国夏威夷海滩　　　　　　　　　　　　　　　　　　　　　　　　董二为/摄

仅是一个家庭的旅游,而且是多数家庭共同参加的旅游,并且扩展到儿童、学生、需要照顾人群和老年人等能参加的旅游(图3、图4)。

值得关注的是,日本旅游市场对日本国内和海外家庭旅游都十分重视。尤其是把父母和未满12岁能够买儿童机票的子女一同进行的海外旅游认定为亲子旅游。

3 亲子旅游和家庭旅游研究现状

日本学术界对旅游的研究和其他国家是不同的。其主要表现在旅行社(如JTB,日本最大的旅行社)、非盈利组织(如日本旅行业协会)、国家部门(如国土交通省)等组织和部门常年进行问卷调查。所以研究数据大多是从这些部门获取。尽管日本有大量的与旅游有关的数据,直接对亲子旅游的研究却很少。绝大部分的数据来自于综合旅游调查的一部分。对亲子旅游的研究从一开始的家庭旅游研究,逐步过渡到亲子旅游、带婴儿家庭旅游,孕产妇和亲子两人(父母亲和孩子)旅游的研究。

亲子旅游研究最著名的是日本旅行业协会在2001年进行的调查[6]。这项研究调查对象为1469名,有效问卷为1272份。研究内容包括孩子的性格和旅游次数的关系,和父母开始旅游的年龄和结束年龄,和自己同性别的父亲或母亲的旅游情况和旅游的主导权等。研究表明,孩子的性格和旅游次数是有关系的。在20岁之前有20次以上旅游经验的人,自我控制力、同情心、协调力和社交力强。而未满10次旅游经验的人则容易表现出任性、自我为中心和容易激动。同时,有20次以上旅游经验的人认为,旅游有助于丰富创造力和陶冶情操。在受访人群当中,20~40岁年龄段的人在15岁的时候就不参加亲子或家庭旅游了。而50~60岁年龄

图5 美国夏威夷公园亲子游玩　　　　　　　　　　　　董二为/摄

段的人在17~19岁之间亦不参加亲子或家庭旅游了。这种不同年龄段的不同是由从20世纪60年代开始日本家庭形态变化造成的。有50%的受访者亲子国内旅游开始年龄最早从3岁开始，90%以上从5岁开始，有50%以上的受访者最早从6岁就开始海外旅游。

这项调查还问及了一个有意思的问题，即成年以后，和父亲单独旅游及和母亲单独旅游的次数。研究表明，成年的儿子和父亲每年单独旅游几乎没有（每年低于0.17次），而女儿和母亲一同旅游的次数平均为每年1次左右。该项研究提出了家庭旅游主导权的概念，也就是由父亲、母亲、孩子或别人主导。其衡量指标包括，旅游的提案、预算、计划、旅游前的准备（订酒店、机票、火车票等）、旅途中的领导。研究表明，在只有男孩的家庭中，父亲占主导权。在只有女孩的家庭中，母亲占主导权。此外，男孩子多的家庭父亲占主导权，女孩子多的家庭母亲占主导权。在向旅行社问询旅游团的情况的时候，旅游团的价格、日程、和家庭成员一起自由行动的时间、自己想住的酒店、亲子能共同快乐

利用的旅游设施成为影响购买亲子旅游产品的五大重要因素。同时这五大重要因素也被认为是影响旅游休闲活动参与的因素，也就是旅游休闲阻碍因素（tourism and leisure constraints）[7][8]。其中日程是否合适和是否有与家庭成员一起自由行动的时间成为影响购买亲子旅游产品的旅游休闲阻碍因素，是否能入住理想的酒店成为购买海外亲子旅游产品的最重要的旅游休闲阻碍因素。

日本国土交通省观光厅对带婴儿（两岁之前）的家庭旅游有着多年的研究[9]。2009年的研究表明，孩子出生后，90%以上母亲受访者的旅游意向反而增加。旅游休闲阻碍因素主要表现在对孩子不放心、自己能不能旅途愉快，以及有无针对带婴儿家庭旅游的旅游信息。60%的受访者为了避开拥挤和其他游客，选择非假日旅游，而且最关心的是酒店是否有对婴幼儿好的服务设施和有魅力的旅游商品，其次才关心酒店的价格。随后，日本国土交通省观光厅又对带婴儿（两岁之前）的家庭旅游做了进一步研究，具体到孕产妇旅游[10]。孕妇是指怀孕的女性，产妇是指生孩子不到一年的女性。提倡孕产妇旅游，是和健康紧密联系在一起的。日本国土交通省认为虽然孕妇在生产之前旅游有一定的危险，但是在孩子出生之前旅游，对减少妊娠期的精神压力和恢复身体疲劳有重要作用。产妇旅游被认为是喘息服务（respite care）的一种，也就是让产妇暂时中断照顾婴儿，为了减压和恢复体力的旅游方式，尤其是一种防止与虐待孩子有关的产后抑郁症发生的有效方法。

在东亚社会，母亲照顾孩子是天经地义的事情，这是文化的一种表现，在日本也不例外。在亲子旅游、家庭旅游、孕产妇旅游的基础上，孩子只和父亲旅游的方式也是研究的课题[11]。在日本，父亲参与育儿的比率只有1.56%，父亲和孩子单独旅游的比率也相对较少，所以孩子只和父亲旅游的方式为父亲创造了机会。在日本国土交通省的调查中，22%的被访者指出这是孩子与父亲第一次单独旅游，其主要原因是父亲没有时间。在日本，大多是母亲哄孩子睡觉，所以和父亲旅游的主要担心是从来没有和父亲单独睡过。在旅游过程中，和父亲最想做的事情是和体育运动有关的或者是其他户外运动（图5、图6）。

4 家庭旅游的意义

日本国土交通省出台的《长期家族旅行国民推进会议报告书》中，明确地提出了家庭旅游的四大意义。

4.1 通过家庭旅游加强家族文化

在日本，因为父亲工作繁忙，对家庭旅游的认识不够。家庭旅游的时间集中，所以费用很高，旅游的次数少。家庭旅游意味着和自己一同生活和吃饭的人在一起，也就是由时间、空间、交谈和共同梦想组成。所以家庭旅游是促进家族文化延续的绝好机会。

4.2 团体旅游（旅游团）过渡到家庭旅游

日本的旅游设施过去是为以公司、地域等为主的旅游团体服务的。但是随着社会的发展，旅游的主流从大型观光旅游团发展为家庭和个人的多样性的旅游方式。

4.3 家庭旅游文化对地域发展的影响

家庭旅游实际上是为了满足每个家庭成员的旅游需求。家庭旅游发展对旅游目的地的综合发展要求很高，不仅要挖掘文化、艺术、民俗、农林渔业体验、手工等，而且还要挖掘只有当地才能提供的产品。这对地方文化发展、再生，区域全面发展起着重要的作用。

4.4 家族凝聚力的再生

２０世纪90年代后期，日本的离婚率升高，非婚率和晚婚率增加，人口出生率降低，使家庭的观念动摇。夫妇双方共同工作和家庭成员的单独活动时间的增加，使家庭成员在一起的时间越来越少。家庭旅游，是家庭成员在时间和空间上共享，提高家庭机能的好机会，同时对孩子身心的促进以及孩子对家族凝聚力的理解有很大的影响（图6）。

5 结论——对中国旅游发展的启示

日本的家庭旅游从1912年开始发展，至今已经有100余年历史。其发展过程中遇到的困难、挑战和成功案例无疑对中国旅游发展有很大帮助，主要体现在国家政策、旅游休闲发展和旅游学科研究三大方面。

5.1 带薪假期

从政策方面来讲，最重要的是带薪假期的实现。通常日本给予世界的印象是个工作狂的国家。但是据《人民日报》对世界62个国家和地

图6 欢乐的父女

图片来源：李咪咪提供

表1 部分国家和地区休假时间比较

国家和地区	法定节假日（天）	法定节假日天数排名	最低带薪休假（工作日）	合计天数	合计天数排名
哥伦比亚	18	1	15	33	20
泰国	16	2	6	22	59
日本	15	6	20	35	11
韩国	15	6	19	34	17
菲律宾	15	6	5	20	61
马耳他	14	11	24	38	1
南非	12	23	15	27	49
法国	11	33	25	36	6
意大利	11	33	20	31	32
中国	11	33	10	21	60
澳大利亚	10	42	20	30	38
美国	10	42	15	25	53
德国	9	49	20	29	40
加拿大	9	49	10	19	62
英国	8	58	28	36	6
墨西哥	7	62	16	23	57

资料来源：《人民日报》[12]

区法定节假日和带薪年休假的有关调查比较结果来看，日本排在62个国家的第11位，假期共计35天；而中国只有21天，排在62个国家的倒数第三位（表1）。通常带薪休假是职工福利的重要组成部分，也反映着国家经济社会发展的和谐性。这虽然反映出中国还是一个发展中国家，劳动密集型产业占明显优势，但是中国一些诸如北京、上海、广州的大城市，在旅游硬件上已经接近发达国家水平。家庭旅游的发展对促进带薪假期有积极作用。因为家庭旅游需要父亲和母亲的自由时间分散，促进家庭旅游也对现有的国家带薪假期政策，尤其是《职工带薪年休假条例》的改善，为国民利用带薪年休假安排家庭旅游创造了条件（图7）。

5.2 旅游休闲发展

中国休闲旅游城市评选是近年来才刚刚出现的，其目的就是为了旅游休闲的发展。为了寻求特色，在中国刚刚兴起的创建特色休闲城市小镇潮流无疑要对乡镇进行史无前例的打造和营造，先后出现了俄罗斯、普罗旺斯、佛罗伦萨小镇等以外国国名或地名命名的中式欧洲小镇。这其实是脱离中国文化、扭曲的旅游和休闲发展趋势。普罗旺斯和佛罗伦萨有其文化底蕴和特色，中国式打造和营造是永远无法企及的，本地原有的文化才是最接地气的，这才是创建特色休闲城镇的正确之路。

5.3 旅游学科研究

旅游学研究往往重视市场研究，而最近出现的大数据潮流更把旅游推向了市场研究的高峰。在日本家庭旅游研究中多次涉及对休闲和旅游文化制约因素的研究。董二为和盖里·奇克（Garry Chick）对在20世纪70年代就形成的西方旅游的概念进行了研究[13]。发现西方的原始旅游概念是从人类学角度去研究和定义的，也就是说从人类学角度讲，文化是旅游景点的决定因素（culture is a determinant of the attractiveness of a tourism）。而家庭旅游强调挖掘艺术、民俗、农林渔业体验、手工等文化要素，但是这些被近年的旅游学界所忽视。研究家庭旅游离不开研究旅游和文化制约因素（tourism and cultural constraints）。比如在旅游中，孩子通常和母亲在一起，在中国，是不提倡产妇出门旅游的，要坐月子。这些文化因素无疑制约了对休闲活动的参与[14]。

总之，包括亲子旅游、带婴儿家庭旅游、孕产妇和亲子两人（父母亲和孩子）旅游在内的家庭旅游的发展无疑给中国旅游发展带来的新契机。在进行东西方比较研究的时候，中国学术界经常会比差距、找不足。笔者认为旅游比较研究和跨文化比较研究（cross-cultural research）不是比个头，比谁高谁低，更应该是找出不同点（difference）和找出相似点（similarity），从而发现适合中国国情的可以借鉴和利用之处。

图7 日本大阪环球影城　　　　　　　　　　　　　　　　　赵晔/摄

参考文献

[1] Dong, E. Herding monkeys to paradise: how macaque troops are managed for tourism in Japan. Annals of Tourism Research, 2013. 42, 443-444.

[2] Arakawa, M., Dong, E. Japan Tourism. J. Jafari, H. Xiao (eds.), Encyclopedia of Tourism. Springer International Publishing Switzerland, 2015.

[3] 川端龙子. 家族旅行——日本名所双六, 妇人世界实业之日本社, 1911, 6(1): 新年附录.

[4] 总务省统计局. 平成18年社会生活基本调查报告第2卷全国生活行动编（调查票A）, 2008a.

[5] 国土交通省.《长期家族旅行国民推进会议报告书》http://www.mlit.go.jp/kisha/kisha04/01/010616_3/03.pdf, 2004.

[6] 日本旅行业协会. 情结和旅游的问卷调查结果http://www.jata-net.or.jp/tokei/anq/010709kizuna/2001.

[7] Crawford, D. W., & Godbey, G (1987). Reconceptualizing barriers to family leisure. Leisure Sciences, 9, 119-127.

[8] Nyaupane, G. P., Morais, D. B., & Graefe, A. Nature tourism constraints-across-activity comparison. Annals of Tourism Research, 31, =540-555, 2004.

[9] 国土交通省. 平成27年带婴幼儿乳和孕妇产妇旅游促进事业［2009］. http://www.mlit.go.jp/common/001127263.pdf.

[10] 同上.

[11] 国土交通省. 亲子2人旅（父亲和孩子）旅游促进事业［2009］.http://www.mlit.go.jp/common/000039116.pdf.

[12] 放假天数为何没有增加［N］. 人民日报, 2013-12-12（02）.

[13] Dong, E., Chick, G. Culture Tourism. J. Jafari, H. Xiao (eds.), Encyclopedia of Tourism. Springer International Publishing Switzerland, 2015.

[14] Chick, G., & Dong, E. Culture constraints on leisure. In E. L. Jackson (Ed.), Constraints to Leisure. State College, Pennsylvania: Venture Publishing. 169-183, 2005.

论儿童旅游产品开发的创新：以国学教育产品"孔子说"为例

Learning Chinese Ancient Civilization on the Way: Experience from Kongzishuo Program

文 / 李艳红　万群艳　胡　涛

【摘　要】

"游学去吧"针对儿童开发了专门的游学产品。这些游学产品立足于国内优秀景点景区资源，以中国优秀传统文化为内核，打通线上线下渠道，立志为儿童提供专业一流的游学服务。游学去吧的这类游学产品以儿童身心特点为立足点，注重结合景点景区资源和时代教育主题，善于利用互联网获取资源和信息交流的便利渠道，在儿童旅游领域中做出了一些有益的探索。

【关键词】

游学；传统文化；国学教育

【作者简介】

李艳红　深圳游学去吧教育科技有限公司总经理

万群艳　深圳游学去吧教育科技有限公司商学总监

胡　涛　深圳游学去吧教育科技有限公司课程研发中心全媒体编辑

注：**本文图片均由作者提供。**

图1 "孔子说"首届全国青少年论语故事游学大会

当代中国旅游业的规模日益增大，随着经济社会的不断发展，旅游行业可供发掘的细分领域也不断涌现，儿童市场就是其中一块具有一定发展潜力的"蛋糕"。现在市场上为儿童提供的产品主要面向亲子旅游，即儿童旅游在很大程度上依附成人旅游，而未形成比较成熟的独立体系，这种旅游形式事实上与成人旅游的区分度不大，并没有真正满足儿童的旅游需求。深圳游学去吧教育科技有限公司（简称"游学去吧"）便是在这样的背景下诞生的一家集教育和游学于一体的综合性企业。游学去吧以"互联网+游学+国学（传统文化）"的模式整合教育和旅游资源，以儿童为目标受众，立志将自身打造成为儿童所接受和喜爱的游学及教育类产品，从而推动传统文化的继承与发展。

游学去吧的游学产品面对的人群是儿童。其国内游学产品主要包括：（1）以本地博物馆为活动场所的亲子类游学产品"博物派"，主要是以本地博物馆为中心进行亲子活动和文化知识教育渗透；（2）异地传统文化主题游学产品"游学派"，通过精心设计的游学课程来开展行程和活动，让用户在游历的过程中感知和学习传统文化知识，接受人格熏陶；（3）依凭固定营地开展自然科学知识主题教育游学活动的"自然派"，主要通过专门规划的生物或地质类营地进行自然知识教育活动，同时开展亲子活动，促进亲子交流，增进亲子感情。此外，游学去吧还专门开发了线上APP、微信服务号、官方微博，进行信息及用户的获取，以及用户虚拟社区运营。同时正着手开发针对每一款线下产品的线上VR游戏，通过精彩有趣的VR游戏促成线下游学活动。其中"孔子说"是游学去吧为儿童精心打造的一条隶属于游学派的国学主题类游学线路。这条线路以《论语》章句为骨架，以孔子故里游学为脉络，它以故事的形式参学《论语》，用游学的形式亲近圣人，具体活动包括晨诵暮读、名家故事讲坛、身临其境、名家说孔子、三省百身（图1）。

"孔子说"的前身是游学去吧在2015年推出的"'我要去山东'游学国学营"产品，该产品推出后，取得了很好的市场效果，深受儿童喜爱和家长好评。纵观产品开发和设计过程，其主要创新点在于如下几点：

（1）找到景区可挖掘文化资源与时代教育主题的契合点

面向儿童的旅游产品很多都不是只有单纯的休闲娱乐功能，更多时候都会兼有其他动机，比如知识学习、品格教育、情感交流等，这为产品开发提供了一个新的视角，即：文化旅游+教育。从现实教育的需求角度切入文化旅游，找到旅游产品的主线，然后根据这条主线深入挖掘旅游资源的相关文化因子，打造出一款既有市场需求，又具有可操作性，同时还具备自身特色的产品。"孔子说"的产品开发模式主要是"文化+旅游"，这里的"文化"具体指文化的细分领域——中国优秀传统文化。近年来，国学教育对儿童发展的重要性受到重视，游学去吧以国学教育为最基本定位，在此基础上挖掘周边及其他景点的文化因子。

中国传统文化是以儒家学说为核心的，而儒家的中心人物是孔子。山东曲阜，是孔子的家乡，是孔子主要的活动地，无疑成为国学游学产品的必选之地。在与景区合作方面，游学去吧精选具有浓郁历史人文背景的景区景点以及具备完善安全保护措施的景区、景点作为国学游学基地；深度挖掘景区景点的历史人文背景，设计景区景点的国学导学词。在实现景区景点国学文化元素的再发现、再提炼的同时，以研学旅行为主线将一系列的景区景点梳理为最佳组合的国学游学路线，最终实现旅游资源的教育化。

（2）拥抱互联网，以全新的方式追求最佳用户体验

随着互联网技术的发展及"互联网+"模式的日益成熟，游学去吧打出的概念是"互联网+游学+国学"的模式，利用互联网整合国学及旅游资源。游学前在线上投放旅游和国学信息，进行与游学课程相关的虚拟产品体验；游学中通过各种在线渠道及时发布游学活动实时状况；在游学后通过虚拟社区为消费者提供交流互动的空间。

（3）打造符合儿童身心特点的专业旅游产品

儿童旅游不同于成人旅游，儿童的视野和理解范围有自身的独特之处，如果按照普通的思路打造大众化的产品并应用于儿童，效果往往很尴尬。产品要对儿童的胃口，就必须符合儿童身心发展特点。而一般从事旅游行业的工作者对儿童身心特点的了解往往不够深入，儿童旅游产品的设计需要更加专业的人士介入。游学去吧为了打造符合儿童身心特点的专业级国学旅游产品，组建了自己的游学课程研发团队，针对儿童国学游学专门开发自己的产品。课程研发团队的成员除了资深国学专家、旅游方面的专业人士外，还有长期从事儿童文化产品开发或儿童教学指导的老师、学者，以及中小学老师等。除了课程研发具有专业针对性外，"孔子说"的具体游学过程还配备了独特的导学师体系。所谓导学师，是不同于传统导游或讲师的另外一种设定。导学师综合了导游和专业讲师等的特点，能针对特定人群和特定产品的需求进行专业的导学服务（图2、图3）。

事物的发展总是从不完善逐渐走向完善，国内儿童旅游市场同样可以通过不断创新而形成一个良好

图2 孔子说游学活动

图3 "我要去山东"国学游

局面。"孔子说"通过和传统文化结合，充分拥抱互联网，全心开发儿童游学的专业性产品，实现了很多创新和突破，为儿童旅游市场的破局提供了一些思路。

儿童旅游作为儿童娱乐休闲、增长知识、培养人格的重要选择，作为亲子增进感情以及儿童交际的重要手段，越来越受到人们青睐，市场前景良好。如果我们肯下功夫去寻找机会，一心为儿童旅游市场破局而努力，儿童旅游市场将迎来辉煌的明天，最终带来的社会效益也将会回馈我们的努力。

参考文献

[1] 王仁庆. 我国青少年旅游市场开发初探[J]. 消费经济, 2002(1):56-58.

[2] 王朝辉, 朱桃杏, 黄成林. 少年儿童旅游感知及行为研究评价[J]. 资源开发与市场, 2007, 23(2):178-180.

[3] 李东芳, 成奇. 关注现代旅游的生力军, 营造快乐科学的童年之旅——浅析儿童旅游的开发原则[J]. 现代经济信息, 2010(9S):190-190.

[4] 肖炜, 秦坤. 论中国儿童旅游产品的开发[J]. 世界华商经济年鉴, 2009(2):38-39.

亲子旅游的3W5P模式：宁夏"爱和自由"教育文化之旅案例

Having Fun, Being in Love, Being Together: Experience from the Love and Freedom Family Summer Camping in Ningxia

文 / 王 静 刘明忆

【摘 要】

"爱和自由不仅仅是儿童的根基，也是成人的理想，而且它最重要的作用就是把抑郁导向快乐，把快乐导向精神。"[1]这一核心思想一直贯穿宁夏亲子文化旅游的始终。本文对"爱和自由"宁夏教育文化亲子游的为何游（Why）、哪儿游（Where）、如何游（How）三个W，以及户外活动设计遵循的五大原则（5Ps）做了深入的解读，以期通过这些分析将爱和自由的教育理念传达给所有教育者和旅游工作者。

【关键词】

爱和自由；儿童教育；三元家庭关系；文化

【作者简介】

王 静 宁夏大学人文学院旅游系副教授

刘明忆 孙瑞雪教育机构培训部负责人

注：所有图片均由孙瑞雪教育机构提供

1 一所人心所向的学校成为人们争相前往的景点

2000年,一本儿童教育专著《爱和自由》问世。书籍的作者宁夏科学启蒙研究会的创始人孙瑞雪女士,向中国的父母们介绍了一种全新的教育理念——爱和自由,并在书籍中介绍了实践和检验着这一理念的教学基地:宁夏蒙特梭利国际学校。此书在随后的16年间,在中国台湾、越南、韩国等地出版,影响中国乃至整个亚洲新一代养育者和教育工作者的力度逐渐升温(图1)。孙瑞雪在其第四版前言的第一段中提到:"《爱和自由》的流传,不是因为潮流或炒作,而在于思想的吸引力,这是一本可以改变孩子一生的书。"正是因为这本书倡导的教育精神所拥有的强大的吸引力,使得在社会文明的进程中被越来越多的父母和教师所追寻,成为历久弥新的不衰之作,随之而来的便是人们对书中所提及的学校的向往之情在随后的十几年里吸引着越来越多的家庭,带着朝圣般的热情去到这所学校。

2003年,呼应人们想要前往参观的需求,宁夏科学启蒙研究会结合宁夏蒙特梭利国际学校所践行的教育理念,第一次研发启动了亲子旅游项目:爱和自由宁夏教育文化之旅。此后,这一项目每年一期,持续13年,每期大约70~80个家庭。至今这仍是中国单期规模最大的亲子旅游项目。

2 亲子游为何游(Why)——创造共同学习和成长的行程

项目的研发一经确定,首先要确定的一件事情就是这个项目的核心目标是什么。换句话说,是要创造一个怎样的亲子旅游项目。13年前,既有的旅游项目大多是成人式的走马观花,孩子跟随成人的脚步,或者完全是大孩子的夏令营,父母不介入。对于一个关注儿童成长、关注家庭教育、关注成人的自我成长的"爱和自由"的儿童教育机构来说,基本没有可参照的范本。

既然参与者本身是冲着爱和自由的教育来的,那么就要创造一个能让参与者充分体验爱和自由教育文化的行程体验。于是活动的设计和组织均以爱和自由教育精神为原始出发点——参与者可以看到"爱和自由"的学校和这个学校里老师和孩子们独特的生命状态,可以听到爱和自由教育的思想、理念和方法,可以感受到"爱和自由"的学校里老师与孩子相处的方式,可以在行程中经由前面所说的体验更好地看见、了解自己的孩子和伴侣,可以有一段属于全家人的、充满"爱和自由"教育精神的美好时光。可以说,这个项目的设计目标就是创造一个在爱和自由中与孩子共同学习和成长的行程。

图1 《爱和自由》中文版、繁体中文版(中国台湾)、韩文版、越南版

图2 "爱和自由"发源地：宁夏蒙特梭利国际学校老校区

3 亲子游去哪里（Where）——孩子和父母都会热爱的地方

目标一经确定，爱和自由宁夏教育文化之旅所要解决的首要问题就是这个亲子旅游项目游什么。

第一个旅游点是爱和自由的教学精神全球第一个实践地——宁夏蒙特梭利国际学校（图2），这里既是中国儿童教育的圣地，也回应了所有想要参与这个项目的人共同的呼声。

宁夏是一个集独特的西北历史文化美和特殊地貌的自然景观美于一身的好地方。在贺兰山，散落的岩画铺就一幅灿烂的艺术长卷——在丛林穿越中观看岩羊、马鹿跳跃，开启一段奇妙的生命探索；在镇北堡，千年故址之上的现代影城，苍凉与热闹从电影中走出，却可以轻松成为你的故事之一；在沙湖，沙漠与40余平方公里水域毗邻而居，既有大漠戈壁之雄浑，又有江南水乡之秀美，被誉为"世间少有"的文化旅游胜地；大漠孤烟，丝绸古道，带着孩子去滑沙、坐羊皮筏，走走腾格里，每一处都可以是经典……最难能可贵的是，每一处经典都不仅仅是自然文化的绝美之地，还全部都拥有随手可取的、可塑性极高的泥土、沙和水。"沙和水，适合所有心智状态的孩子，玩法变化无穷，每个孩子根据自己心智的状态，创造自己的玩法，这就是大自然赋予孩子最好的礼物。[2]"孩子对这样的地方天然充满了热爱，原始的对生命的热情瞬间被激发出来。而这些地方背后浓厚的文化特质，也深深地吸引着每个前来的成人。所以，最终旅游线路确定为宁夏蒙特梭利国际学校——贺兰山——镇北堡——沙湖或沙坡头（图3）。

4 亲子游如何游（How）——将教育文化贯穿于体验活动中

爱和自由宁夏教育文化之旅所

要解决的第二个问题就是如何游的问题。爱和自由的教育倡导父母和孩子共同成长，通过自身的学习和成长去了解自己的孩子，改善孩子的生存环境；倡导爱和连接的三元家庭关系（即夫妻之间，父母和孩子之间的关系）；倡导父母自身的身体力行和在体验中学习的生活方式；倡导共享自然的生命教育。由于"爱和自由"所倡导的先进而独特的教育精神决定了这一旅游项目必定拥有一个独特的文化内核，于是，配合上述几个旅游点，将爱和自由的教育精神贯穿在看、听、做三个环节的体验活动当中。

4.1 看

4.1.1 校园观摩

父母参观宁夏蒙特梭利国际学校，孩子们可自主选择跟随父母或是在学校里自由工作、玩耍。过程中会安排对学校理念的简单介绍，以及对配合教学理念和教学需求的不同功能分区的介绍，学校文化软件的分享，使人还能在校园里随处可见宁夏蒙特梭利国际学校的孩子们创作的美术作品、海报、学科交叉的日常习作（图4）。

4.1.2 欣赏演出

宁夏蒙特梭利国际学校孩子的演出，独具"爱和自由"的孩子们的特点，他们自然、自信、投入、专注，在万众瞩目的舞台上依旧全然地呈现自己。不同年龄段孩子所呈现的不同身体状态和心理状态，因为真实而美好，打动了一批又一批观众。真善美是每个人的精神追求。而孩子们就这样生活，就成为真善美本身，这是让所有的成人都能为之动心、

图3 沙漠里玩沙的孩子和贺兰山脚下玩水的孩子

图4 在宁夏蒙特梭利国际学校体验的家长和孩子们

图5 宁夏蒙特梭利国际学校的孩子们的表演

为之动容的（图5）。

学校和孩子们即是"爱和自由"教育的组成部分，也是这一教育经验实践的成果，他们一同形成了一道新人类、新教育的文化景观，这是不可复制、无可取代的独特景观。

4.2 听

4.2.1 爱和自由父母成长工作坊

工作坊讲师由中国著名儿童教育家孙瑞雪女士和宁夏蒙特梭利国际学校校长安长喜老师等人陆续担纲。他们在工作坊分享健康的家庭

关系结构，分享如何了解我们的孩子们，如何走进儿童的世界等养育者最为关心，也最为需要的主题（图6）。

4.2.2 爱和自由毕业生见面会

随缘邀请宁夏蒙特梭利国际学校毕业的孩子回来与宁夏之旅的家庭见面、分享、答疑和互动。他们的独特气质和完整的生命状态本身对养育者有着巨大的震撼和心灵冲击，同时也对想要了解这一教育的家庭充满了吸引力。

通过上述活动以期为夏令营的参与者从学习者的角度提供与儿童教育专家交流的机会，学习其教育思想，参与其教育精神的分享。并且有机会与这一教育系统下成长的孩子沟通，以便深刻的了解爱和自由教育的核心理念。

图6 宁夏爱和自由文化教育之旅中的家长工作坊现场

4.3 做

4.3.1 孩子们独自在宁夏蒙特梭利国际学校的自由体验

这一安排最初只是为了满足孩子父母们的愿望，希望自己的孩子能在爱和自由的校园中体验一下。同时在某些时间段可以让父母有一段相对完整的工作和学习时间。

这段时间的独自体验成为许多孩子日后一直惦念的经历，他们会向父母表达：什么时候我们还能再去"那所学校"啊？短短的一天半的校园体验对于孩子来说意味着什么我们并不能知道，孩子也很难清晰地表达出来，可是也许就是在这一天半中，孩子们发现了教育者的友善，发现了可以自己保护自己的规则，发现了自己可以做自己的主人，再或者只是那份纯然的自在和美好在孩子的内心种下了一颗种子（图7）。

图7 在宁夏蒙特梭利国际学校体验的孩子们

4.3.2 与孩子共享自然户外经典课程体验

爱和自由的教学体系中有一个英国经典自然课程，是与孩子共享自然。亲子户外集体活动的时间计划穿插在这一课程体系中，配合实际的自然环境特点安排了寻宝、捕马等系列活动，让每个家庭都投入到与孩子共享自然的活动中去（图8）。

4.3.3 大漠露营

亲子游选择了腾格里沙漠的著名景区宁夏沙坡头旅游区的露营

图8 家长与孩子共享自然经典课程

图9 露营地的孩子们

地，组织者提供露营的帐篷和专业的指导，由每个家庭自己搭建露营帐篷；露营活动包括篝火晚会、徒步看星星、看日出、沙漠止语徒步、感受大漠的阳光、风和沙……这一系列的活动可以让家长和孩子们体验独特的地貌风光，体验白昼到黑夜，再到黎明和白昼，帮助父母和孩子真正与大自然连接（图9）。大自然常以不同的方式感动你我，每个人都有不同的体验和特别的感受。无限神秘的自然展现给我们屏气凝神的纯净，提醒我们生命比那些琐碎的小事伟大多了！[3]

4.3.4 爱和自由的艺术活动

"爱和自由"的教育倡导每个家庭都能更多地与孩子共享精神生活，所以，我们研发了爱和自由的艺

图10 与孩子共享自然经典课程体验的家长们

术类课程,并在项目中安排了这一类型的体验性的活动。爱和自由宁夏教育文化之旅的艺术活动包括大漠中的音乐篝火晚会,还有包括石头手绘或是T恤手绘在内的家庭绘画创作。每个家庭的创造力都像即将爆发的小宇宙,每个家庭也在这样的精神活动中呈现出一种全新的面貌(图10)。

4.3.5 自由的亲子旅游时光

除了上述的体验活动外,整个行程为每个家庭安排了自由时间,将时间完全交还给家庭。亲子旅游的核心是父母和孩子的连接,不论听课,还是带队老师的及时指导,都是为了回归家庭时队员们能享受全然的亲子时光,享受属于家庭的旅游时光。孙瑞雪女士说:"我和我的团队所做的最重要的工作就是,唤醒爱!"这一工作重点也贯穿在这个项目中。

所以到了每个活动点,都有充分的时间留给每个家庭去自然发生和创造属于这个家庭自己的爱的故事。滑沙、沙漠骆驼、沙海冲浪、聆听古老黄河的温柔吟唱、乘坐快艇羊皮筏子漂流……这些都只是故事发生的载体。

5 户外活动部分的设计遵循五大原则(5 Principles)

通过13年亲子夏令营活动的组织,我们实践了约瑟夫总结的户外亲子活动设计的五大原则[4]。

5.1 P1:少说教,多分享

除了告诉孩子们有关自然的基本常识,要多分享自己对看到的、体验到的事物感受——你的敬意、你的感动、你的想法、你的好奇等。只有通过分享深层次的思想与情感,才能激发孩子对自然、对地球的热爱与崇敬之情。不适合的说教,如"一定不能伤害这些自然里的动物或植物,他们是我们的好朋友,它们多可怜呀,它们的爸爸妈妈死了,它们也活不成了……",不仅无法达到期望的目的,还容易把孩子的注意力转移到对"死亡"和"分离"的恐惧中。

5.2 P2：接纳

对孩子当时的心情和感受做出回应，尊重孩子的想法。每个问题、每次议论、每次快乐的惊叹，都是沟通的良好时机。顺着孩子的好奇心去培养他们的兴趣，会发觉相处变得非常轻松愉快。例如，孩子们关于沙的感觉是涩涩的、干干的、热热的、痒痒的、扎扎的、硬硬的。

5.3 P3：集中孩子的注意力

开场 需要尽快营造出游戏的气氛。不是所有的孩子都能尽快融入观察自然的游戏中，可以仔细观察，找到他们的兴趣点，一点点地集中他们的注意力。要让孩子感受到你对他们的发现是很感兴趣的，也觉得很有意思，这将会鼓励他们继续探索。

5.4 P4：观察、体验之后分享感受

孩子们对他们所观察的东西有种不可思议的专注力，哪怕是在成人看来并没有什么特别的景象。学习的直接方法就是亲身体验这种直接的感官体验是会被孩子牢记的。远胜过成人给他的"知识"。大漠日出时天空的变化，风穿越帐篷的声响，小草从石缝中露出嫩绿的欣喜……不必为不知道动植物的名字而感到难为情，名字只是生命或事物本质外的一个标签而已。就像一棵树的内涵远比它的名字和一串相关的事实要丰富得多。

5.5 P5：活动中充满快乐

活动中，带队老师们带着饱满的热情，孩子们自然会被这种感染力吸引。不拘泥于活动之前的设定，让整个过程都伴随着快乐。避免限制、隐形控制等不恰当行为影响孩子继续探索或游戏的兴趣。相信在自由的环境里，孩子自然能选择对他们有益的关注点。

13年来，爱和自由宁夏教育文化之旅被越来越多的家庭所知晓并相约而来，让我们深刻地体验到"爱和自由不仅仅是儿童的根基，也是成人的理想，而且它最重要的作用就是把抑郁导向快乐，把快乐导向精神"。这一核心思想一直贯穿宁夏亲子教育文化旅游的始终，我们将一种教育精神转化成一种文化，一种生活的方式，并通过旅游项目，传达给所有的教育者。这使得这个项目不是一个简单的旅游产品，它存在的方式是一段有温度、有生命力、有精神内涵的人生旅程。

参考文献

[1] 孙瑞雪. 完整的成长[M]. 北京：中国妇女出版社，2014.

[2] 孙瑞雪. 捕捉儿童敏感期[M]. 北京：中国妇女出版社，2009.

[3] 麦基卓，黄焕祥. 懂得爱[M]. 易之新译. 深圳：深圳报业集团，2007.

[4] 约瑟夫·克奈尔. 与孩子共享自然[M]. 叶凡，刘芸译. 天津：天津教育出版社，2000.

亲子产业带动主题景区多元化发展：以青岛藏马山为例

Family Tourism-led Themed Attraction Development: The Case of Cangma Mountain, Qingdao

文 / 李宗强　盛永利

【摘　要】

广东社会科学院《2015国民家庭亲子关系报告》及易观智库产业数据库《中国在线亲子游市场专题研究报告2015》显示，亲子产业市场潜力巨大，尤其亲子教育、户外型亲子产品备受青睐。青岛隆海集团抓住市场机遇，开发建设藏马山旅游项目，做足亲子文章，围绕亲子产业积极开发、配套产品，取得了不错的业绩，本文旨在通过此案例剖析亲子市场，并通过阐述亲子产业如何带动景区多元化发展，为旅游行业从业人员提供一点参考与帮助。

【关键词】

亲子旅游；亲子产业；主题景区

【作者简介】

李宗强　青岛隆岳置业有限公司中级园林工程师
盛永利　青岛藏马山项目规划负责人

注：文中图片均由青岛藏马山国际旅游度假区提供。

图1 青岛藏马山景区亲子主题游乐园千禧谷鸟艺表演广场效果图

随着经济的发展，国民的旅游需求不断增加，同时也推动了旅游种类的不断丰富与完善。亲子旅游就是其中一种新兴的旅游方式。亲子旅游是具有联络家人之间感情，健全孩子的心理、生理功能的一种新兴旅游种类，当前很流行，受到全民热爱，但亲子旅游的相关旅游理论研究较为滞后。亲子产业则是围绕亲子活动展开，其重点是从亲子旅游进行延展，服务相关人群，开发相应配套、对应产品体系和健全相关服务体系的新兴产业。

1 亲子产业为何现阶段在中国大有可为

日前，易观智库产业数据库发布《中国在线亲子游市场专题研究报告2015》，报告显示，2014年中国在线度假旅游市场交易规模达到332.6亿元人民币，较2013年增长36.2%。报告预测，2017年我国在线旅游市场规模将达4,983.4亿元，2017年中国旅游产业互联网渗透率将达10.7%。根据综合测评，分析认为，亲子游因其用户覆盖率最高、出游频率最高、市场增长率快，亲子游发展条件成熟。另外，维达集团携手广东省社会科学院、大型育儿社区宝宝树，在广州联合发布了一份以"80后"为主要调查对象，兼顾"70后"和"90后"，深入探讨他们的亲子家庭关系与育儿理念的《2015国民家庭亲子关系报告》。报告发现，与上一辈父母相比较，现在年轻人特别是"80后"父母更加注重家庭建设，对亲子教育也更开明和接地气，并且注重孩子的素质教育。这是国民亲子关系"质"的改变，也是中国社会进步最明显的表现。

通过上述分析，本文认为，我国深厚的传统家庭教育观念，国民对家庭教育的重视，伴随着国家政策对人口结构调整的机遇，以及亲子观念已发生转变，2015~2021年之间围绕亲子市场做产业文章大有所为。

2 青岛藏马主题景区案例分享

2.1 以青岛藏马主题景区为例，看企业如何在市场迷雾中理清转型和发展的脉络

隆海集团开发藏马山景区之

初,便在谋划布局企业转型升级的出路,在项目建设之初便坚持可持续发展的思路,对于诸如田园、水库及山体等生态敏感区域,给予重点规划和融合保护,以保证场地的可持续发展。本着规划设计先行的理念,聘请北京大地风景旅游景观规划院对藏马山进行总体规划和定位,确立了对旅游导向型土地进行综合开发的思路,明确亲子产业在本项目发展中的地位,并以此作为切入点,全面布局,多点开花,从亲子产业延伸、扩展、带动其他产业多元化发展,最终推动景区农业、旅游、地产三驾马车齐头并进。项目总规划面积32km²,项目计划投资136亿元,用5至8年时间,打造成为建筑规模300万m²,年接待游客300万人次,常住人口约10万人,能同时容纳1500人住宿、2000人会议的大型国际旅游度假区。

该项目于2015年5月1日正式开园纳客,目前已接待游客100万人次以上,其中主要以家庭亲子游为主,并以家庭自驾游为主。项目自开业以来便引起了青岛政府的关注,考察之后明确确立了该项目"东有灵山湾,西有藏马山"的定位,通过大力支持该项目建设从而带动青岛西部乡镇的发展,目前已经吸引了大批旅游项目落地西部藏马山-铁镢山生态区,并且逐步形成以特色农业、休闲度假等为主的旅游集群。

2016年,旅游板块,在项目现有基础上完善并补充亲子项目,建设中的温泉汤镇和动物乐园项目计划于年底实现部分营业;绿色居住版块,初期启动300亩建设用地作为示范区,开创了青岛区域内豪宅私人定制

图2 青岛藏马山景区亲子主题游乐园千禧谷鸟瞰图

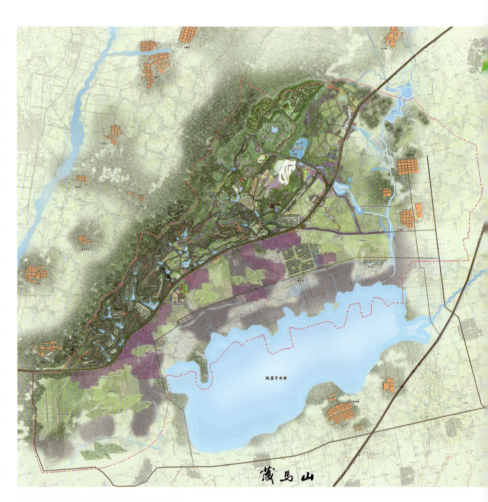

图3 青岛藏马山主题景区总体规划平面图

业务的先河,近期还将推出成品养生别墅,户型面积为110~300m²不等;养生养老版块,与澳大利亚阿卡迪亚集团签约,共同投资建设养老社区,计划下半年开工;农业方面,通过引进以色列高科技农业技术和

图4 青岛藏马山主题景区蓝莓小镇全景图

图5 青岛藏马山主题景区御马场

图6 青岛藏马山主题景区全景图

图7 青岛藏马山主题景区地产样板间实景图

品种，常驻以色列农业专家指导，开
展果蔬新品种研发、组培、推广、种
植、销售，继而在公司化种植的基础
上发展"基地+农户"的模式，力争
建设中国最大的KOSHER（犹太洁
食）农产品生产基地（图1～图7）。

2.2 解析景区如何针对不同年龄段儿童开发对应产品

亲子关系伴随人的一生，但当前时期我们迫切需要解决的是人口生育高峰带来的亲子产业机遇和压力，所以藏马山主题景区重点研究的是0～12岁婴幼儿或儿童期的亲子产业，对应亲子产品针对不同年龄阶段来进行合理布局：

0～3岁（幼儿期），幼儿期的儿童身心发育较快，特别是智力发展迅速，他们的特殊才能开始表现，情感、个性、品质开始形成。针对此阶段幼儿的行为特点，我们主要开发了鸟艺表演、小丑互动等娱乐节目，并在园区内设置沙坑、室内淘气堡、小动物乐园、瓜果乐园、小蜜蜂、旋转木马、跳伞塔、摩天轮、风车走廊、动感喷泉等项目。

3～6岁（龄前期），这个时期的儿童感知能力发展较快，善于观察事物，模仿能力强；开始有了初步的抽象逻辑思维；肢体动作也更加灵活；词汇更加丰富，开始产生内部言语（即默语）；社会情感开始产生和发展；注意力集中的时间较短；开始形成了最初的个性倾向，自我意识进一步发展，自我表现欲望较强，协作精神初步发展。针对此阶段儿童的行为特点，我们主要开发了亲子运动会、过家家等娱乐节目，并在园区内设置充气城堡、室外淘气

图8 《藏马山传奇》绘本

堡、植物大战僵尸、陶艺DIY、4D影院、吊桥、小河摸鱼、植物迷宫、转转杯、疯狂海螺、急速滑车、旱地喷泉等项目。

6～12岁（龄初期），即小学阶段，又称童年期。这个时期儿童的身心迅速发展，手指功能发达，各个器官的协调性逐渐提高，这一时期正好是进一步发展儿童各种能力的大好时期，同时也是培养儿童想象力和创造力的最好时期。可是，这个时期的儿童注意力集中的时间仍较短，学习也是跟着兴趣走。针对此阶段儿童的行为特点，我们主要开发了冒险家、垂钓比赛、骑行比赛、登山运动会、滑翔体验等节目，并在园区内设置大草坪、滑翔翼基地、登山步道、植物园、跑马场、悠波球、疯狂的士高、欢乐嘉年华、射击游戏广场、飞行塔等项目，并让小朋友及家人参与关爱智障儿童、关心空巢老人等公益活动。

2.3 藏马山文化在亲子产业中的运用：创办藏马山文化传播公司，打造亲子系列书籍

相传秦始皇让人多方寻求，终于找到长生不老的仙药，不料被骑着的白马吞下。秦始皇追杀白马，马跑进山里藏了起来，再也找不到了。多年之后，诸城的李木匠夫妻膝下无子，观音托梦给他们。妻子生下黑蛇，木匠砍下它尾巴，黑蛇化龙，藏身在黑龙潭。秦始皇再次寻找白马，小黑龙帮白马躲过劫难，因此，结合在一起。白马黑龙触犯天条，被收到天上接受惩罚。小龙马代父母受过，在人间造福众生为人们服务。后来人们为小龙马建了一座庙，庙里香火旺盛。

上面的故事为藏马山众多美丽传说的故事之一，此外还有秦皇旗眼、黑龙传说、石公石婆等古老故事传说等，为景区开发景区文化产业奠定了深厚的基础和底蕴。藏马山文化公司重新挖掘，并创作出版发行《藏

马山传奇》(图8)、《山东小圣人》、《新二十四孝》等绘本。另外中国第一部农民拍摄的电影《藏马山传奇》也是取材自藏马山的传说。

2.4 亲子产业下一步如何在藏马山景区持续推动

为迎接暑期，二期建设项目千禧谷工程的重点是在亲子项目上继续做足文章，策划项目有：小动物园，可以家庭认养或领养。儿童主题餐厅，通过童趣化的景观环境打造奇幻的室内装饰，通过科学地介绍膳食合理，营养均衡的卡通造型食物，不仅让小孩增强食欲、科普教育，同时对父母在育儿营养等方面也可以提供积极的帮助。亲子运动会，通过小朋友共同参与、大人与小孩配合之努力，既健康了体魄，也有助于父母与孩子间相互配合、信任与平等关系的建立。秘密花园，通过打造天线宝宝场景，吸引0~3岁小朋友的兴趣，通过真人扮演的天线宝宝，形成与家长、小孩的互动，让小宝贝在重复的动作和语言中得到学习和锻炼的机会。日后还将配套开发青岛国防教育基地、动物村、森林主题温泉、体育公园、乡村迪士尼、环球乡村大世界等项目。

3 案例小结

在国家宏观政策调整和经济快速发展的支撑下，人口生育高峰带来的亲子产业机遇与挑战并存。青岛藏马山旅游景区虽然在这方面走得较早，但仍有很多不足之处。首先是理论研究不足导致景区在发展中走的弯路过多，其次一些客观存在的外部因素也一直在困扰和制约着景区的发展。

3.1 亲子产业尚未形成大气候，建立小气候困难重重

目前我国亲子亲子产业尚处于初级发展阶段，只是在一些较发达的大中城市做得较为突出，但仍没有真正形成产业规模。

3.2 家长不确信亲子旅游产品的出游价值

亲子旅游的决策多由家长作主，孩子没有多少决定权，父母在作决定时往往会考虑到子女是否能从中受益，亲子产品的亮点就在于它所具有的价值。家长在选择亲子产品时，往往会有所顾忌，这些顾虑和怀疑都是家长选择亲子旅游产品的绊脚石。

通过分享这个案例，我们能够清晰地认识到发展亲子旅游、开发亲子产品有着广阔的市场发展前景，但目前产业尚在发展初期，产品尚存在不足。我们只有高度重视市场需求，研发满足市场需求的产品发展亲子产业，齐心协力，共谋发展，才能真正的抓住机遇，拓展景区产品线，扩大市场份额，并增加客户认可度和参与互动的热情，从而也可以推动亲子产业又好又快地发展。

参考文献

[1] 大地风景研究机构. 亲子旅游产品市场前景及开发条件分析. [2014]http://market.cnta.gov.cn/yjk_yxal/1414721607327.html.

[2] 新华资料. 世界各国的人口政策与我国生育政策演变. [2013]http://news.xinhuanet.com/ziliao/2013-11/20/c_125731840.

[3] 易观智库. 中国在线亲子游市场专题研究报告2015. [2015]http://dy.qq.com/article.htm?id=20150520A00AGD00.

[4] 维达集团. 广东省社会科学院, 宝宝树. 2015国民家庭亲子关系报告. http://life.21cn.com/zaojiao/ziyuan/a/2015/0601/12/29015102.shtml.

[5] 朱智贤. 儿童心理学 [M]. 北京: 人民教育出版社, 2003.

亲子旅游产品开发

大海中的自然教育：关于青少年的潜水旅游
Nature Education in the Ocean: The Junior Open Water Diving Course

文 / 刘 佳

【摘 要】

水上与水下，近在咫尺，却被隔绝成两个世界。有一些路，只有穿着蛙鞋才能行走。有一些景色，只有呼吸着压缩空气才能看到。本文从潜水培训、目的地比较、青少年潜水活动等方面，阐述了培养孩子成为青少年潜水员的前瞻性、可操作性和市场现状。自然教育可以让孩子对海洋有更浓厚的兴趣和更深入的认识，和孩子一起学习潜水还可以增进亲子互动和旅行的乐趣。亲子潜水旅游将成为更多家庭出行的新选择。持有青少年开放水域潜水员证也将成为中国青少年素质教育的新风尚。

【关键词】

自然教育；潜水旅游；潜水培训；青少年；亲子活动

【作者简介】

刘 佳 北京电视台制片人、主持人，新闻编辑，PADI潜水长

注： 本文图片除署名外，皆由作者提供。

随着国人出游方式的改变,"度假"观念的形成,潜水必将成为海岛游的热门项目。让孩子成为青少年"潜水员",不仅是一个家庭在出游方式上先人一步的表现,更为培养孩子对海洋、对自然的深入了解,对将书本知识转化为实际应用的能力,对环保意识的树立也有十分积极的推动作用。虽然中国国内现在还缺少潜水训练基地和潜水旅游目的地,同时随着东南亚各国对持中国因私护照旅游签证的简化和入境政策的放宽,加之以"亚航""宿务太平洋""酷航"等廉价航空公司为主的不定期低价促销,让旅行变得更加方便。打个"飞的"去度假,到东南亚的海边考一个潜水证,已经开始成为更多人旅行清单上的选择(图1、图2)。

目前,东南亚的公开水域潜水地点有很多个,热门潜水地多集中在泰国、马来西亚和印度尼西亚。泰国的涛岛被称为潜水界的"黄埔军校",是东南亚乃至全亚洲最大的"潜水工厂",每天去潜水的甚至多达数百人。旺季时每天有上千人登岛,分散到各个潜水中心学习潜水课程,或者进行体验潜水。涛岛拥有全球最大的潜水中心和全球最大的中文教学组。然而,由于涛岛低廉的物价和亲民的环境,游客普遍以收入水平不太高,手头不太宽裕的年轻人为主,和临近它的苏梅岛形成了鲜明的对比。同时,涛岛的水下景观乏善可陈,珊瑚和鱼的种类比较有限,所以去涛岛的游客,更多的是希望以低廉的价格拿到一张潜水证。而涛岛的潜水中心正好能满足这样的需求。平均人民币两千多元的价格,就可以学下OW课程(Open Water

图1 马来西亚沙巴州Mandabuan岛

图2 潜水爱好者　　　　　　　　　　孙剑宇/摄

Diver Course,开放水域潜水员课程),对预算有限的人来说,确实是一个不错的选择。总的来说,涛岛并不太适合家庭出游。但由于拥有全球最大的中文潜水教练发展中心,同时又有足够多的学生可供教学,致使它成为想考取潜水证,成为潜水教练或潜水专业人士的理想目的地,也

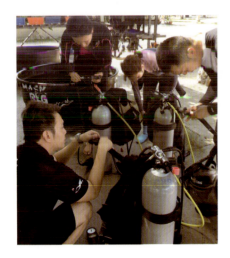

图3 学员跟教练学习组装潜水装备

图4 教练讲解潜水基本技巧——面镜排水

那港36公里外的诗巴丹（Sipadan）。这里几乎可以说是世界首屈一指的潜水天堂。公认的世界五大峭壁潜水之首，每年有无数各个级别的潜水员朝觐般蜂拥而至。但是在诗巴丹潜水，首先必须是持证潜水员，而且最好是AOW潜水员，更重要的是，诗巴丹每天只开放少量的潜水名额给周边的潜水中心和度假村，可以说机会难得。同时，仙本那周围部分岛屿是"一岛一酒店"的经营模式，一价全包，消费水平却远远低于马尔代夫。包括卡帕莱、马达京岛、邦邦岛等，都是性价比超高的选择。据仙本那附近邦邦岛（Pompom Island）Celebes Beach Resort潜水中心的经理Nurul Yazid介绍，虽然度假村只有十几个房间，但全年接待的上千名游客中，有30%是持证潜水员，另有20%是前去学习潜水的学员（图5、图6）。

随着各路明星一场又一场海边婚礼的举行，巴厘岛也成为越来越热门的旅行目的地。巴厘岛由于地处太平洋和印度洋水道的交汇处，而拥有世界罕见的在指定季节极大概率能看到翻车鱼（mola mola）的潜点。加上位于巴厘岛北图蓝本（Tulamben）水域的二战时期美军的"自由号"沉船（Liberty Wreck），使得大批潜水员对巴厘岛趋之若鹜。近年来，巴厘岛的沙努尔、图蓝本、蓝梦岛等地的潜水中心先后开设了全中文教学的课程。同时，数家由中国人开设的潜水中心也开始运营。由于巴厘岛除了潜水之外，还拥有漂流、冲浪、滑翔伞、丛林穿越等吸引人的娱乐项目，也让家庭出游的行程更加丰富多彩（图7）。

随着亲子旅游成为主流出游模式，面向家庭旅游的青少年开放水域潜水员课程因有助于孩子拓展知识面、提高英文水平、锻炼意志、促进家庭关系而受到越来越多家庭的欢迎。然而，孩子正处在生长发育期，所需要的潜水装备和成人并不完全相同。同时，在培训青少年潜水员时，教学方法也和成人有所差异。因此，目的地的潜水中心是否开设青少年开放水域潜水员课程，是否有对青少年潜水课程教学经验丰富的教练，以及是否提供相关潜水装备至关重要。笔者通过对东南亚十几家潜水中心的调研发现，只有马来西亚邦邦岛的CBR度假村和印尼巴厘岛的Ohana Divers潜水中心在对青少年潜水员的培训方面比较成规模。

Ohana Divers潜水中心，在每年寒暑假，都会开设中英文亲子潜水训练营，让来自中国的父母和孩子

图5 水下摄影师

图6 海底小生物
——油彩蜡膜虾（Harleyquin Shrimp）

成为青少年潜水旅游很不错的地方（图3、图4）。

近年来受到中国学员追捧的另一个学习潜水的热门地点是马来西亚沙巴州的仙本那（Semporna）。仙本那位于马来西亚沙巴州的南部，曾经只是一个小小的渔村，甚至在地图上都无法找到它。仙本那小镇被如绿松石般的海水包围着，而它的诸多附属海岛更像是现实世界中的梦幻之岛。更令其名扬天下的，是距离仙本

图7 巴厘岛图蓝本　　　　　孙剑宇/摄

图8 在失重状态下自由"飞翔"　　　　　Jackson John/摄

在一起学习潜水。训练营一般为期6~7天,其中4天3晚的时间用于潜水学习。经验丰富的华人教练和来自国内的助教,在潜水中心自家泳池的安全环境里带学员(家长和孩子)练习平静水域技巧,之后会在巴丹拜或图蓝本海域进行开放水域练习。教学进度取决于学员对规定技巧的完成程度。如果提前完成全部课程和考试,还有机会在壮观的海底峭壁,和二战沉船进行"欢乐潜"(图8)。

在学习的间隙,训练营会从国内外邀请知名的心理专家对学员进行心理建设和心灵成长的探索,同时由国内外顶尖名校在读或毕业的辅导员,和学员分享学习和成长的感悟。在潜水课程结束后,还有漂流、丛林穿越等亲子活动项目,让海岛游的体验更加丰富。

学习潜水,不仅仅是学习一种技能,对于家长和孩子来说,更多的是一种自然教育和责任教育。让孩子从小开始,以一个潜水员的视角去认识自然、保护自然。同时告诉孩子,每一个潜水员都是海洋的保护者,通过学习潜水,把更科学、更国际化的环保理念传承下去。更要让孩子明白,无论是对海洋,还是对自身及潜伴,都负有重要的责任。在学习潜水的过程中,让孩子感受到自身的力量。也就是说,考取潜水证书,只需不多的花费,就可以给全家打开一扇通往异次元的门——看到更大的世界,拥有更广阔的胸襟。

当然,国外的潜水旅游,以及其对青少年的潜水训练,也定将会对我国海岛和滨海旅游目的地的开发与建设带来更多的启迪。

亲子教育的主题化发展之路——以童乡亲子农场为例

Integrating Leisure Agriculture with Family Tourism: the Experience of Tongxiang Farm

文 / 刘慧梅

【摘 要】

经过数十年的发展，休闲农业经历了从无到有再到井喷式的发展，然而过多相似的农业采摘、生态餐饮、农田认养业态使消费者产生了消费疲劳，诸多的休闲农业园区面临着改造升级的需求。2015年艾瑞咨询发布的《2015年中国在线亲子游市场研究报告》显示，2014年中国在线亲子游市场交易规模达65.1亿；2015年实现76.2%的增长，达114.7亿。亲子游如一匹黑马冲进人们的视野。如何抓住庞大的亲子教育、休闲旅游市场，重创意、轻资产撬动，盘活存量资源，实现供给侧改革，成为诸多农场主的关注焦点。本文着重从对自然教育、亲子休闲心理的关注出发，以"童乡亲子农场"为例，介绍亲子园区的规划、设计、运营和经营。

【关键词】

亲子农场；休闲农业；农业园区规划

【作者简介】

刘慧梅　北京华汉旅旅游规划设计研究院城乡规划所副所长，郑州童乡亲子农场副总经理

注：本文图片均由郑州童乡亲子农场提供。

1 亲子农场建设的初衷

1.1 冲破三大禁锢空间，解放孩子的天性

"城市森林""虚拟空间""固化校园"三大空间禁锢了孩子的天性，孩子们在钢筋混凝土的"城市森林"之中，在应试教育的体制之下，童年消失、知识偏失、成为考试机器，缺乏了生活技巧和创新能力。因此，亟须打开城市空间向田园空间的缺口，为孩子提供一个接触自然、认识自然和向大自然学习的平台与空间，为孩子提供一个寻找天性的自然游憩地（图1、图2）。

图1 奔向大自然的孩童一（拍摄于童乡亲子农场）

1.2 供给侧改革，盘活存量资源

随着近郊游的盛行，近几年环都市开发建设了大批量的生态观光园、田园农场，都市休闲农业虽抓住了田园观光、田园休闲需求，但对亲子，尤其是儿童的体验需求关注度不足，提供产品多为田园观光、生态餐饮、农事体验活动，产品高雷同度，造成了市场消费疲劳。对亲子互动、儿童自然教育更是涉及甚少。最后，就出现了大量生态园区门可罗雀而都市休闲群体到周末又无处可去的怪状。

1.3 梦想照进现实，旅游规划从业者的落地梦

作为在旅游规划领域从业数十载的规划师，每每听到"规划规划，墙上挂挂"，都觉得伤痛满满，于是2015年，一群有梦想的规划师、设计师怀揣规划的落地梦，经过为期一年的勘察、规划、设计、施工、运营，在中原大地，终于让规划在土地上生根、开花，建立了郑州童乡亲子农场（图3）。

图2 奔向大自然的孩童二（拍摄于童乡亲子农场）

1.4 "妈妈，我想要一匹小马"——一个"80后"博士妈妈为小女儿造就的梦想农场

建立童乡亲子农场缘起于一个4岁小女孩养马的愿望，住在北京城中的小女孩一直想拥有一匹小马，有一个马场。她的妈妈代改珍博士为实现女儿的"小马梦"，以多年的旅游行业经验，带领一帮极富创造力和想象力的年轻创业者，在自己的家乡创建了童乡亲子农场（郑州园区），给孩子、也给自己一个童年的故乡。

图3 郑州童乡亲子农场场景——真人打地鼠

图4 童乡亲子农场的玫瑰花、向日葵农业种植

图5 童乡亲子农场内儿童进行玫瑰鲜花饼DIY体验

2 亲子主题园区建设运营的经验

2.1 独创亲子教育、农业经济、文化休闲融合发展的第六产业综合开发模式

童乡亲子农场，其发展以农业现代化发展为基础，以可食用玫瑰的科研、种植、应用为核心，以特色农业和亲子创意休闲、自然教育双轮驱动，一方面做足用玫瑰的"第一产业"链，一方面将休闲农业、亲子旅游的"第三产业"链融入其中，带动可食用玫瑰深加工的"第二产业"发展，共同构建三产良性互动、有机整合发展的玫瑰产业综合开发园区，成为中国第六产业发展的样板项目（图4、图5）。

2.2 围绕亲子主题，以亲子自然游憩激活园区，实现功能整合

童乡亲子农场的建设，围绕亲子主题，形成"主题生态本底+亲子科普教育+亲子游乐+亲子运动+亲子健康+亲子休闲度假"的功能整合，并以亲子自然教育游憩为核心，激活各项功能的整体开发模式，建设开发了花海营地、童乡福海、疯狂轮胎、彩虹乐园、丛林拓展、冰雪水寨、职业体验、精灵王国、农耕文园、动物世界等十大重点产品体系，研发并开创了自然教育的农耕体验、自然课堂、食物教育、手工创作、探险生存、职业体验、科学实验七大课程体系，围绕亲子自然游憩，激活园区的观光、休闲、运动、教育、餐饮等功能。并从体验度和业态组合度层面进行园区布局，保证游览节奏

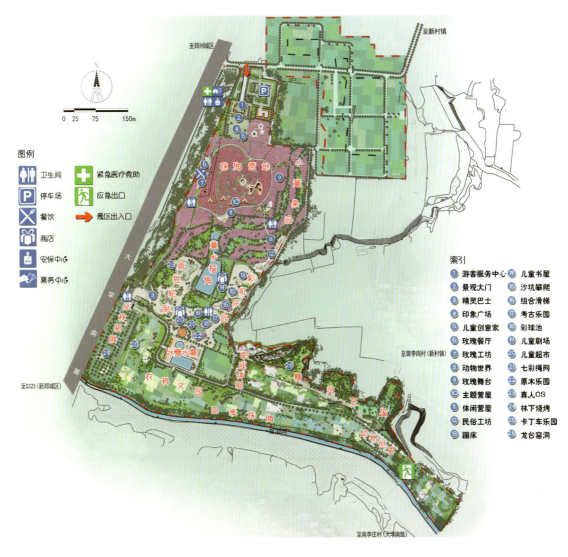

图6 童乡亲子农场规划总平面图

快慢皆宜,形成动静分区的整体布局（图6）。

2.3 以孩子的视角出发,按年龄区分,模块化打造

童乡亲子农场在规划建设之初,就立足于儿童视角,对产品的安全性、童趣性、知识性和便捷性进行综合考虑。根据不同年龄阶段的儿童,包装设计出不同主题的体验产品,进行模块化打造,既提高了园区的主题体验度,又便于进行管理和产品的模块化复制推广。园区根据不同年龄层次的儿童身体条件和接受能力进行分区规划,并配套系列家长休闲体验类项目,让孩子在游乐中实现自我的成长与突破。比如园区规划设计的彩虹乐园重点针对学龄前儿童,园内产品全部为无动力设施,大大保证了儿童游园的安全性,又根据各年龄阶段儿童的学习特性,设置系列色彩性强的项目,打开孩子的视觉系统。设置的玩沙、寻宝类项目遵循了孩子对泥土亲近和对神秘事物探寻的天性。丛林拓展项目则是针对中小学儿童,让孩子在游乐过程中实现自我的挑战与突破(图7、图8)。

园区彩虹飞马观景平台和动物世界所养殖的小动物,则来自于代改珍博士小女儿的创想,小女孩天马行空的绘画作品经过专业工匠为期两个月的制作,变成了高高站立于玫瑰花海中的彩虹飞马,上面承载了不知多少孩子欢快的身影(图9)。动物世界则是遵从小女孩的意愿,挑选了颇具

当地特色的各类小动物——农家的小羊、小鸭、小鸡和大鹅，还有来自蒙古草原的小矮马，每当嗒嗒的马蹄踏响童乡亲子农场欢乐的土地时，代改珍博士的耳边仿佛又出现了女儿当初在耳边的娇嗔："妈妈，我想要一匹小马！"马儿嘶鸣，健步如飞，载着七彩的童乡梦铿锵有力地踏向远方！

2.4 运营层面，建立"5+2+节庆"的轻资本运作模式

童乡亲子农场以自然教育和活动为核心卖点，建立了童乡学院的3C智库（children country colleage），打造体验、互动的见学体系、系统课堂和系列活动库，吸引幼儿园、中小学、教育机构和拓展机构，形成学校的户外教育实践基地，以保证周一至周五的客源。并以常变常新的亲子主题项目、特色活动吸引周末及节假日客群，培养消费粘性，摆脱传统园区依托设施设备的重资本模式，实现活动、课程为主导的轻资本运作模式。例如，园区在中秋节期间针对3天假期的短途出行人员，联合当地政府部门将本土的舞龙、舞狮表演和传统的祭月庆丰收活动进行深度挖掘和整合，倾心打造了"中原首届千人长桌宴"活动，吸引了上万人至园区共庆丰收。至国庆节则针对庞大的亲子出行市场，以童话嘉年华为核心卖点，策划出动漫表演、巡游、寻宝、探秘、童话演讲、游客童趣表演才艺秀等活动，将园区活动演绎得淋漓尽致。轻资本撬

图7 在彩虹乐园玩耍的幼年儿童

图8 疯狂轮胎儿童游乐项目

图9 小女孩描绘的彩虹马在园区落地

图10 周一至周五团队亲子运动会

图11 日常的农耕文化体验活动

动打造了园区常变常新的游览吸引力（图10、图11）。

3 市场反响

园区自2016年8月14日试营业以来至10月中旬，已实现入园人次5万余人，其中试营业当天就迎来了2000余人；中秋节举办的"中原首届千人长桌宴"活动平均每天人流量在3000人次以上；国庆节的"首届中原亲子嘉年华"活动获得了郑州周边10万多游客的关注；2016年10月12日当天同时接待幼儿团队4个，总人数在1000以上。同时园区的短时间、轻资本的运作模式吸引了大批同行业人士至园区考察。

目前园区已建立针对大型地产配套、产业园区配套、著名度假区、重点景区、大型城市公园、近郊休闲农园的"童乡"品牌引入机制，形成了"轻资产股份"输出和"品牌与课程"输出两种模式。自然教育，用心陪伴，童乡，让童年自由奔跑；期待有志于自然教育的人士或机构加入我们的"童乡"大军，愿有孩子的地方就有童乡。

泰国普吉岛太阳之翼卡马拉海滩度假村（Sunwing Resort Kamala Beach Phuket）

亲子旅游与住宿业
Family Travel and Hospitality Industry

李泱辰　丽思卡尔顿：通过儿童体验提升品牌差异

汤宁滔　对本土高星级度假型酒店儿童服务产品的探讨——设施、服务及未来的发展

董逸帆　台湾地区宜兰县的亲子主题住宿之探讨

丽思卡尔顿：通过儿童体验提升品牌差异
The Ritz-Carlton: Kids Experience as a Brand Differentiator

文 / 李泱辰

【摘 要】

酒店品牌差异化浪潮中，丽思卡尔顿推出了Ritz Kids儿童体验计划。本文通过该计划推出的背景和现状分析丽思卡尔顿为何以及如何通过儿童体验计划提升品牌差异。

【关键词】

丽思卡尔顿；儿童体验；品牌差异化；Ritz Kids；环境大使

【作者简介】

李泱辰　香港理工大学旅游业管理荣誉学士；曾任上海浦东丽思卡尔顿酒店质量部经理，丽思卡尔顿酒店集团国际质量顾问委员会中国区代表；现任裸心集团质量及培训经理。

图1 北京丽思卡尔顿酒店儿童体验　　　　　　　　　　　　　　　　　　　　　　　　　图片来源：丽思卡尔顿提供

在酒店行业整体愈发成熟、品牌越来越注重差异化发展的今天，差异化自身的方向性也很值得研究。就在很多品牌侧重于酒店的设施和功能、网络化和移动端的便利程度等方向的时候，丽思卡尔顿（The Ritz-Carlton）在儿童体验上正在做的事情也许值得借鉴（图1）。

1 丽思卡尔顿酒店的儿童体验

请想象如下场景：你和爱人准备带孩子到某家丽思卡尔顿酒店度假。预订人员询问了是否孩子一同前来，是否为了庆祝孩子的生日等特别的日子。入住前你收到了酒店的欢迎邮件，特别提到了欢迎你的孩子。办理入住时，孩子发现了可爱的儿童桌椅，兴致勃勃地坐下来玩起蜡笔，在卡通入住登记表上写下自己的名字。酒店准备了儿童的加床，也特别准备了一套儿童牙刷牙膏、儿童浴袍和拖鞋等既贴身又贴心的用品。在餐厅等菜时，服务员不仅会给孩子拿来健康的零食，也会拿来画笔、画本让孩子玩耍。在儿童专属的菜单内，健康食品、有机食品等都会被特别标注出来。孩子睡午觉时，你发现房间里有一张写着"嘘"的卡片可以挂在房间外门把手上，提醒酒店员工不要敲门打扰休息中的孩子。晚上带孩子去游个泳，再回到开好夜床的房间美美地睡一觉。这里描述的一切，是你在任何一家丽思卡尔顿酒店都能感受到的（图2）。而这仅仅是丽思卡尔顿儿童体验的冰山一角。本文和大家一同探索丽思卡尔顿如何通过不同的儿童体验提升品牌的差异。

2 客户画像

为目标客户画像，找到最合适的群体是非常重要的一步。目前丽思卡尔顿为儿童计划确定的年龄层是4至12岁[1]，并根据不同年龄层的生理、心理特点和认知程度来设计儿童用品的功能、尺寸、安全性和其他细节。丽思卡尔顿在客户体验的研究方面，有很多重要的合作伙伴和服务商，比如盖洛普（Gallup），一家

图2 儿童办理入住的柜台　　　图片来源：圣托马斯丽思卡尔顿酒店网站

知名商业调查咨询公司。通过对丽思卡尔顿客人的满意度调查，盖洛普询问和分析了哪些类型的客人更多地带儿童出游，从年龄层、家庭收入、出游目的等不同角度探索客人对儿童体验的反馈，推断这些体验对于客人情感投入的影响，并分析哪些关键步骤在儿童体验中扮演更加重要的角色。

3 让·米歇尔·库斯托的"海洋未来"组织

如果说盖洛普从分析和验证客户反馈这个角度帮助了丽思卡尔顿更清晰地了解儿童体验的话，在儿童计划的构造和操作层面，不得不介绍一个重要的合作伙伴——由海洋探索家让·米歇尔·库斯托创办的"海洋未来"组织（Jean-Michel Cousteau's Ocean Futures Society）（图3）。"海洋未来"组织致力于海洋保护的公众教育，并探索保护全球海洋的可持续性方案。该组织在全球范围内创造儿童体验式的教育项目，宣传可持续的生活方式，并拍摄和制作关于地球和自然的纪录片[2]。

图3 让·米歇尔·库斯托 海洋未来组织
图片来源：圣托马斯丽思卡尔顿酒店网站

4 第一家丽思卡尔顿酒店做了什么

大开曼丽思卡尔顿酒店（The Ritz-Carlton, Grand Cayman）于2004年开业之后，宣布了和"海洋未来"组织的首次合作："丽思卡尔顿环境大使计划"（Ambassadors of the Environment Program）。这也是"海洋未来"组织在地中海的第一个酒店项目。酒店充分利用了开曼群岛丰富的珊瑚、红树林和岛上的生态环境，开展了例如红树林划艇、植物园游览、潜水、海底摄影、野外露营等项目，并打造了一个根据开曼当地传统房屋构造建设的学习中心（Ambassadors Heritage House），提供植物实验室、有机花园、视频显微镜等室内学习项目，酒店住客和当地居民均可参与（图4）。每天的活动都会有不同的主题，保证让每个年龄段的客人都有全方位学习和探索的体验项目。"环境大使计划"在大开曼丽思卡尔顿酒店获得了98.97%的客人满意度[3]。

2005年的成功合作，让丽思卡尔顿开始将"环境大使"项目引入旗下更多酒店，并宣布"海洋未来"组织为其独家合作伙伴。随着该项目在尼古湖丽思卡尔顿（The Ritz-Carlton, Laguna Niguel）的开展，至2010年，"海洋未来"组织共有9个"环境大使"项目，和丽思卡尔顿合作的有三家：大开曼丽思卡尔顿酒店，卡帕鲁亚丽思卡尔顿酒店（The Ritz-Carlton, Kapalua），尼古湖丽思卡尔顿酒店。其后新增了多拉多海滩丽思卡尔顿度假酒店（Dorado Beach, a Ritz-Carlton Reserve）和圣托马斯丽思卡尔顿酒店（The Ritz-Carlton, St. Thomas）。同年在Family Vacation Critic公布的最佳度假酒店儿童项目榜单中，大开曼丽思卡尔顿酒店的"环境大使"项目获得了第一名推荐。该项目在2007年也获得了Virtuoso颁发的"2007年度最佳儿童项目"奖项[4]。

图4 大开曼丽思卡尔顿酒店 · 环境大使学习中心　　图片来源：圣托马斯丽思卡尔顿酒店网站

图5 Ritz Kids儿童体验计划商标　　图片来源：丽思卡尔顿

5 Ritz Kids计划的由来

2013年丽思卡尔顿宣布了与"海洋未来"组织全新的合作项目Ritz Kids（目前尚无官方译名，有些酒店直译为"丽思儿童"）。Ritz Kids项目在全球所有丽思卡尔顿酒店同步启动，让当时88家酒店的儿童体验有了统一的标准，包括商标、色彩、儿童用品的设计、服务关键步骤等。这带来了从未有过的、全球一致的沉浸式体验，也让客人对所有丽思卡尔顿酒店的儿童体验有了更加准确和一致的期望。来自盖洛普对丽思卡尔顿酒店的分析报告同样表明，更多的特别体验将让带儿童入住的客人有更强的情感投入。

6 Ritz Kids的大规模开展

丽思卡尔顿首先对内部的"绅士及淑女们"（对员工的称谓）展开了教育和培训。丽思卡尔顿拥有强而有结构的企业文化。集团通过充分计划的、频繁的内部沟通来确保Ritz Kids信息在企业内部的迅速普及。每日例会（Line Up）是丽思卡尔顿建立和巩固企业文化的重要工具之一。集团将重要信息提前编排入每日例会的内容，实现从上至下逐层地、全球一致地传递给每一位员工。Ritz Kids的内部教育任务就是通过这样的体系渗透到最前线。丽思卡尔顿也充分利用网络来实现资源的共享。比如项目视频简介、运营和培训指南等资料清晰地列出了从项目框架直到每一项服务的详细要求。丽思卡尔顿在某些区域对Ritz Kids的所有物品使用统一供货商和预订系统。在没有统一供货渠道的地方，集团则制作了详细设计图样和要求，让各家酒店可以提供给当地供应商。如有酒店希望创造不同元素或设计的儿童用品，也需要由集团总部统一指导和批准。大量的铺垫工作和资源支持都是为了保证客户体验的全球一致性。

7 品牌形象和内部标准

在一致性上，丽思卡尔顿的Ritz Kids是和品牌形象重塑计划一起进行的。品牌形象（Brand Voice）是在品牌的塑造和沟通中有形和无形元素的整体体现。丽思卡尔顿新的市场宣传语"让我们常驻您心"是让"回忆"一直留在客人的心中。在品牌形象重塑中，众多元素的选择都围绕着"回忆"这个词，Ritz Kids也不例外。集团仔细比较了其他酒店和零售奢侈品牌的儿童计划，把更加适合丽思卡尔顿品牌形象和取悦儿童的元素加入到自己的标准中来，通过Ritz Kids的沉浸式体验让孩子们加强这些元素和丽思卡尔顿品牌的关联性记忆(图5)。

不仅是产品和环境，儿童的服务流程也被充分地研究和设计。一方面，培训资料和标准化操作流程被初步整理出来供各酒店参考和应用。另一方面，服务关键点被加入到神秘访客的检查列表当中，让集团总部对各酒店儿童计划的实际执行情况有一个客观的了解。

8 儿童体验计划的详细内容

从客人的角度看，Ritz Kids具体有什么内容呢？计划整体分为"旅程"（Journey）和"活动"（Activity）两个部分。全球所有丽思卡尔顿酒店都必须提供完整的"旅程"元素。而"活动"的部分只有度假酒店提供。

"旅程"的元素包括儿童办理入住时用的蜡笔、画图本、寻宝游戏、卡通版入住登记表；房间内的欢迎卡片，按需提供的婴儿床、儿童牙膏牙刷、儿童尺寸的拖鞋和浴袍、儿童便桶、小黄鸭；餐厅会用到的儿童菜单、塑料饮料杯等（图6）。

Ritz Kids的"活动"都是沿着"海洋"（Water）、"陆地"（Land）、"环境责任"（Environmental Responsibility）、"文化交流"（Culture）这四个方向展开的。例如，与"海洋"相关的课程有河流、鲸鱼、红树林、珊瑚、鲨鱼等。每个课程都由和主题相关的一系列环节组成，包括讲授、简单问答、分组活动、讨论、视频纪录片、模仿、出游等互动方式，可以让孩子们快乐地学习。这些丰富的活动资料都是"海洋未来"组织长年在环保和教育活动

图6 客房儿童物品：小黄鸭　　　　　　图片来源：丽思卡尔顿

中积累下来的财富。

9 儿童需求的层次

从上面"旅程"和"活动"的内容可以看出，丽思卡尔顿对儿童需求的关注不仅停留在基本需求，还包含了健康、创造、学习和探索等。除了孩子本身会有更高层次的满足感，他们的家长也会从孩子的体验中感知到更大的价值。这对于奢华酒店的高价格有支撑作用，对于丽思卡尔顿客户构成的优化有很大帮助。丽思卡尔顿酒店注重服务品质，也坚信好的服务品质能带来长久稳定的收益增长。这在丽思卡尔顿是有理论根据的。盖洛普公司为丽思卡尔顿提供的满意度问卷中，并非只衡量"整体满意度"，而是更加关注"情感"在体验中扮演的角色。根据大量真实客人反馈去筛选的"情感投入"（emotional engagement）的衡量方式及其算法，让丽思卡尔顿能清晰地看出情感投入的程度与客人的消费行为以及品牌选择倾向性之间的关系。质量观念的普及让各酒店非常容易接受增强客户体验和价值的新项目，比如Ritz Kids。所以推行儿童计划时，成本和工作量的增加在员工的认知上成为通往卓越的必要过程，而不是负担。

9.1 儿童"健康"的需求

健康，这个观念虽然被广泛地使用在各类产品的描述中，但是当客户对品牌有高度的信任时，健康仍然可以作为一个明显的增值标签。在丽思卡尔顿，就是这样一种高度信任的环境。Ritz Kids这个计划在全球的一致性和体验感知的稳定性，又增强了这份信任。健康能够明显地体现在儿童菜单的设计上。除了客

房送餐菜单以外,所有餐厅、酒吧和酒廊的儿童菜单设计都是全球统一的(当然有不同语言版本)。简单列举一下丽思卡尔顿儿童菜单必备的项目:5种或以上的健康食品,2种或以上果汁,必须包含有机食品、无防腐剂、无激素的食品,不能有苏打水或软饮等。这让经常带孩子出游的客人有了这样的印象:在每一家丽思卡尔顿,我都能让孩子吃到健康的食物(图7)。

9.2 儿童"学习和探索"的需求

每家酒店都需要在儿童办理入住时,给她们寻宝游戏和贴纸,这些需要寻找的物品贯穿酒店的客房、餐厅、泳池等场景,让孩子在入住期间主动发现身边的事物。他们将独立或在家长帮助下完成寻宝游戏,并会因为自己的努力得到认可和奖励。因为儿童成长环境的不同,他们对环境的认知程度和兴趣是不一样的。这个寻宝游戏的材料目前只有英文版,尚未推出其他适用于不同文化和语言的版本。很多酒店都在儿童的学习和探索上进行着更加大胆的尝试。

9.3 案例:成都丽思卡尔顿的"原野探奇之夜"(Ritz Kids Night Safari)

对于孩子而言,怎样的住宿体验可以真的激发他们的灵感呢?成都丽思卡尔顿把舒适的客房改造成家庭露营的探索之旅。他们在房间里为孩子们设置了露营帐篷、露营灯、指南针、任务卡,当然还有标志着丽思卡尔顿的小狮子玩偶。这些都激发着孩子们的好奇心和对露营探险的渴望。而儿童尺寸的浴袍、拖鞋和床品,让孩子可以在帐篷里舒服地玩耍和休息。

成都丽思卡尔顿的这个方法迅速被其他姐妹酒店借鉴。越来越多的酒店开始加入到"原野探奇"中(图8)。每家酒店在实际应用时,又会结合自己的特点或者新的想法,继续丰富这个创意。比如房间的夜床服务,将标准的夜床礼物换成牛奶和饼干等健康零食。又比如送给孩子一张甜梦卡片,家人用手机扫描卡片上的二维码,就能够听到仙女姐姐讲故事了。

丽思卡尔顿酒店之间相互学习的氛围,也是精心设计的结果。创新在丽思卡尔顿的文化中举足轻重。如

图7 某家丽思卡尔顿酒店提供的儿童零食和餐具　　图片来源:华盛顿丽思卡尔顿酒店网站

图8 东京丽思卡尔顿酒店:原野探奇之旅　　图片来源:东京丽思卡尔顿酒店网站

图9 上海浦东丽思卡尔顿：小小酒店人　　　　图片来源：上海浦东丽思卡尔顿酒店微信公众号

今"原野探奇之夜"已经成为了下一代Ritz Kids计划的标准配备。这都多亏了成都丽思卡尔顿的绅士淑女们，和其他所有参与到创造和再创造中的人。

9.4 案例：上海浦东丽思卡尔顿"小小酒店人"（Junior Hotelier Program）

上海浦东丽思卡尔顿酒店会组织小客人们穿着量身定制的酒店制服并佩戴自己的名牌，在"列队仪式"（或称"例会"）中得知当日的工作重点，接受基础的礼仪训练，然后每个人都会为今天要欢迎入住的客人设计并准备欢迎卡片。他们将在酒店亲自欢迎一位神秘客人，将客人护送到他们的客房，并会在结束后收到酒店总经理亲笔签发的结业证书[5]。孩子们可以在这沉浸式的体验中慢慢感受到服务他人的价值和乐趣（图9）。

9.5 案例：三亚亚龙湾丽思卡尔顿酒店"暑期夏令营"

作为丽思卡尔顿在中国唯一的度假酒店，三亚提供了丰富的Ritz Kids活动。在此简单地列举一些他们儿童的活动：T恤彩绘、认识鲨鱼、手工折纸、布艺花盆、寿司制作、认识垃圾的危害等。

三亚丽思卡尔顿还会提供季节性活动，比如夏令营。参加儿童夏令营的孩子们在独立接待台办理入住，领取丽思儿童小背包、护照、寻宝图和手环等入住礼包。孩子们带上手环在酒店中寻找冰淇淋屋，领取冰淇淋。夏令营的活动同样包括"海洋""陆地""环境责任""文化交流"这四个部分。例如在"环境责任"中，孩子们可以亲密接触海龟，了解海洋保护的重要性（图10）。在"文化交流"中，孩子们可以参与厨艺课程，还可以去马丁伯伯的秘密花园学习自然知识。夏令营有半天或全天的课程安排，玩乐和学习之后，孩子们也会被颁发结业证书[6]。

丽思卡尔顿对每家酒店新奇想法的实践非常支持，鼓励各家酒店相互学习，每年还会评选出各个领域最出色的最佳实践（Best Practice）。2014年获奖的新加坡丽思卡尔顿酒店就是因为其极大提升了儿童体验并对客人的情感投入产生了很大的帮助。

2013年至今，丽思卡尔顿酒店的儿童计划Ritz Kids经历了从总部到各家酒店三年的摸索，在强大的创新文化和对卓越服务不懈的追求中不断发出新芽。如今应该是Ritz Kids进入第二个阶段的关键时期。相信越来越多的新想法会被标准化，并丰富到全球所有丽思卡尔顿提供的儿童体验当中。

10 对儿童需求的感知

丽思卡尔顿内部有一个神秘的菱形，叫作丽思卡尔顿的"第六颗钻石"，由下至上分别是功能性，情感投入和秘诀（Mystique），这是丽思卡尔顿总结的在客户体验中应该实现的三个层次（图11）。

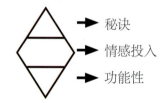

图11 客户体验中应实现的三个层次

稍许变化得到图12，由下至上分为三个阶段的需求：功能性，舒适度和情感需求。越往上层的需求得到了满足，满意度（对应面积的大小）增长越快。

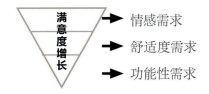

图12 需求层次和满意度的关系1

可是人们对底层需求得不到满足的容忍度更低。将这个形状反过来就能看出，越基础的需求得不到满足，满意度（同样对应面积的大小）下降得越快（图13）。

图13 需求层次和满意度的关系2

这是因为客人对各层级需求的期望不同。越高层的需求，初始期望越低，一旦超越期望就会得到极大满足感。反之客人对例如房间清洁这类基础需求的期望值很高，一旦达不到期望就会非常不满意（图14）。这在理解儿童的体验中有什么作用呢？

图14 需求层次和满意度的关系3

我们将提升和降低的两个因素放在一起。成年人相对于儿童，对于酒店功能性的部分要求更高，而儿童的需求更加单一也容易引导至高层的需求。如图15所示，当成年人将注意力完全放在自己身上时，触发满意度下降因素的机会更大。如果将成年人的注意力集中于儿童的需求，则更容易触发满意度上升的因素。

由此看出，携带儿童的家庭，需求经过精巧设计的引导之后，将会更加容易被满足。这也正是丽思卡尔顿为何以及如何引导他们的需求，并以此为依据设计儿童体验的。

图15 需求层次和满意度的关系4

在丽思卡尔顿，当孩子们参与精彩的儿童活动、开始Ritz Kids的旅程时，他们所处的环境、看到的色彩、手里的玩物、听到的讲座，孩子接触的学习内容、体验和心理，都是丽思卡尔顿和让·米歇尔·库斯托的"海洋未来"组织精心准备和计划的成果。这些不仅仅需要对客人行为和心理的把握，更要有强大的企业资源和文化来推动。丽思卡尔顿在品牌差异化中，走了高调但是稳健的一步。儿童计划的第二阶段已经开始，我们期待丽思卡尔顿带来更加难忘的儿童体验。

图10 三亚丽思卡尔顿酒店：认识海龟　　图片来源：上海浦东丽思卡尔顿酒店微信公众号

参考文献

[1] The Ritz-Carlton Official Website. Ritz Kids Program. http://www.ritzcarlton.com/en/services-amenities/ritz-kids.
[2] Ocean Futures Society. http://www.oceanfutures.org/.
[3] 同[2].
[4] 同[2].
[5] The Ritz-Carlton Shanghai, Pudong WeChat. Family Magic Moments, 2016-6-28.
[6] The Ritz-Carlton, Sanya WeChat. Ritz Kids Summer Camp of Fun 2016, 2016-06-03.

对本土高星级度假型酒店儿童服务产品的探讨——设施、服务及未来的发展
Resorts for Children in China: Facilities, Services, and Future Development

文 / 汤宁滔

【摘 要】

作为全球第一大出境游客源国的中国，同时拥有全球最大的国内旅游市场。在市场竞争激烈的环境下，后起的中国本土高星级度假型酒店在中国市场上如何能够与发展成熟的欧美高星级度假酒店抗衡并获得家庭旅游群体的青睐呢？本文意以中国市场为研究背景，试探讨中国本土高星级度假酒店儿童配套设施、服务及产品的现状及未来的发展方向。本研究以国内欧美高星级度假酒店作为对比样本，研究结果发现：中国本土高星级度假酒店无论是配套硬件、软件服务还是儿童产品都略优于欧美高星级度假酒店，本文对中国本土高星级度假酒店优势所在进行了初步分析与探讨。本研究对中国本土高星级度假酒店制定和推出亲子产品及获得家庭游目标客户群具有一定的实际参考意义。

【关键词】

高星级度假酒店；儿童设施；儿童服务；儿童产品；亲子旅游；家庭旅游

【作者简介】

汤宁滔　韶关学院旅游与地理学院讲师

注： 本文图片均由深圳观澜湖度假酒店提供。

1 引言

改革开放三十余年来，中国旅游业迅猛发展，现已成为全球第一大出境游客源国，并拥有全球最大的国内旅游市场。经济水平的提高以及意识形态的改变丰富了旅游的形态，从初期的观光游到度假游，从跟团旅游到各种形式的自由行，市场日益细分，消费者需求更加精细。易观智库（2016）发布的《中国在线亲子游市场专题研究报告（2015）》提到，亲子游是一种全线爆发的旅行方式，而且随着旅游市场的细分，亲子游等细分市场也将会逐渐清晰与明确[1]。亲子旅游是指由父母带着未成年子女共同参与的旅游形式，这种旅游形式集认知、体验、亲情、休闲于一体[2]。近两年国内各电视台播放的热门亲子节目，在国内掀起一股陪伴孩子成长的理念与浪潮，携带孩子出游的家庭游客已然成为目前北京周末游和小长假游的主力军。为了迎合孩子们的喜好，北京多家酒店针对儿童推出了系列的产品与活动[3]。因此，迎合孩子们的需求和注重孩子的住宿体验已经成了度假型酒店把握亲子客户群体的一种非常重要的手段，而度假酒店的儿童配套设施、服务及产品是成功吸引和留住亲子家庭游客的重要法宝。面对日益庞大的国内亲子家庭游客群体，酒店开始采取行动对产品和服务进行创新以形成吸引顾客的砝码（图1）。

本作者尝试在中国知网（CNKI）输入关键词"酒店；儿童设施"，但并没有搜到任何相关的文章，这说明本研究在国内基本还属于空白，因此，本文以中国市场为例，通过深度采访中国和欧美在国内高星级品牌度假酒店的高管（总监及以上级别），通过与欧美高星级度假酒店的对比，探讨中国品牌度假酒店儿童设施、服务与产品的现状及未来发展方向。本文对中国品牌度假型酒店发展具有一定实际参

图1 深圳观澜湖度假酒店儿童烘焙

考意义,并对旅游相关亲子住宿产品或亲子游制度具有一定的指导价值。

2 文献回顾

家庭是旅游消费中一个极其重要的基本单位,它是社会结构的基础单元,也是现今社会科学领域研究的重点方向[4]。家庭旅游是旅游市场中一个极为重要的细分市场,是各大旅游企业期望获得的客户群体。近半个世纪,家庭旅游的相关研究一直受到国外研究者的重视。家庭旅游的决策随着时间、结构、观念、成员之间的变化,决策过程会呈现不一样的特点[5],现如今家庭决策制定模式主要包括四种,即丈夫主导、妻子主导、丈夫与妻子主导和以儿童为中心的决策[6]。国外的研究表明,儿童也有自己的偏好并且会直接影响家庭旅游的决策[7~9]。2016年《Trip Barometer全球旅游经济报告(2016)》[10]中也提到,在受访的3万多名世界各地的游客中,有超过1/3的游客表示会在2016年增加旅游支出预算,来自世界各地的受访者有五成左右表示增加预算的原因是回馈自己和家人,而中国的游客受访者中这一比例超过六成,这表示中国及世界各地的亲子游与家庭游的需求会继续提升,巨大的旅游市场也令国内度假型酒店迎来千载难逢的机遇。

度假酒店产生于20世纪60年代,交通工具的发达使游客可以选择远离都市的旅游胜地进行度假,度假酒店因此而大量建造[11]。经过五六十年的发展,度假酒店在现代酒店住宿业中已经成为具有代表性的支柱产业[12]。度假型酒店针对亲子旅游客户群进行了大量市场宣传与努力,但是搜索中国知网却没有发现相关的研究文献,市场需求与研究空白不成正比,与此同时,国内关于亲子旅游的研究文献也相当有限,尚属于粗浅的阶段[13]。因此,此次研究具有一定的理论和实践意义。

作者基于文献综述设计了本次访谈的提纲,并通过预访谈对问卷进行修订。由于地域和时间的限制,本次采用电话及录音的方式对5位中国本土高星级度假酒店和四位欧美高星级度假酒店的高管们(总监及以上)进行10~20分钟的访谈,之后,对访谈笔记和录音记录进行分析和对比,最后总结出中国本土高星级度假酒店与欧美高星级度假酒店的差异,并且根据中国本土高星级度假酒店的现有的特色与面临的问题提出建议。

3 研究发现与讨论

本次共访谈了5位中国本土高星级度假酒店的高管及4位欧美高星级度假酒店的高管,共9位受访者,受访者所发表的观点比较接近,信息达到饱和,调研结果值得参考。访谈时笔者进行了笔录,现将主要相关的采访结果总结如图2。

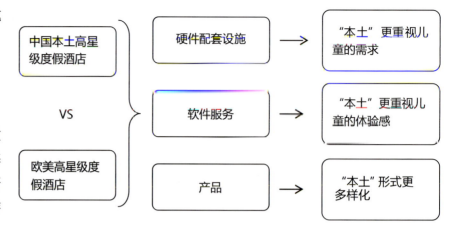

图2 中国本土高星级度假酒店与欧美高星级度假酒店访谈结果对比

3.1 硬件配套设施

5位受访的高管都表示目前中国本土高星级度假酒店儿童硬件的配套设施仍是以欧美的标准进行建设,尤其注重安全标准。其硬件配套设施主要分为室内的活动室和室外的娱乐空间,室内的活动室基本大同小异,即根据不同年龄段孩子的特点设计符合该年龄段的游戏工具与设施;而对于室外的娱乐空间,中国悦华度假酒店的高管提到了户外游泳池、户外科普动植物园、户外拓展训练基地等,这与欧美高星级度假酒店高管的回答相似。万达酒店集团公司的高管表示集团目前真正的度假型酒店只有一两家,国内的这种度假型酒店也刚起步不久,仍谈不上所谓的标准。

由于中国本土高星级度假酒店更重视儿童客户,因此在欧美硬件配套的基础上,国内一些发展较好的酒店开始思考如何能够让儿童喜欢上自己酒店的硬件配套设施。例如,深圳观澜湖度假酒店根据儿童的需求设计了不同风格的儿童主题房以吸引儿童客户(图3)。

3.2 软件服务

关于儿童的软件服务,受访的中国本土高星级度假酒店和欧美高星级度假酒店高管都表示中国本土高星级度假酒店会更加注重儿童的服务与体验。其中深圳东部华侨城集团公司的高管表示,相比而言,中国本土的家长更愿意把儿童作为一个特殊关照的群体去看待,无论是浴室的洗漱用品,还是餐厅的儿童餐具与儿童玩耍互动区域,中国本土高星级品牌酒店会努力把这些做到极致,让儿童喜爱到以至于想要把所有东西搬回家。比如,深圳东部华侨城集团公司下属酒店内的儿童洗漱用品都是可以带回家的,配套的儿童床也可以通过酒店进行购买。软件服务追求极致,让儿童感受到酒店的"爱",利于培养儿童客户的忠诚度。同时,深圳观澜湖酒店的高管也提到他们酒店会针对儿童的需求培训专业的服务人员,并且还会在酒店设立很受儿童们欢迎的"儿童欢迎大使"(图4)。

3.3 酒店儿童相关产品

无论是欧美度假酒店还是中国本土度假酒店都在常客计划中推广儿童会员卡制,重视并致力于培养儿童客户的忠诚度。与此同时,所有

图3 深圳观澜湖度假酒店儿童房图

图4 深圳观澜湖度假酒店室内游戏

受访酒店都开始推出一些与儿童相关的产品套餐以吸引亲子游的客户,其中也包括针对本地游客推出的一些节假日活动项目与套餐,以促进酒店住宿以外的消费。

三亚希尔顿酒店的高管表示,相对而言他个人认为中国本土的高星级度假酒店更加重视儿童的体验感。他了解到万达集团设立了专门从事儿童体验和需求的研究团队。万达集团的酒店高管则提到,万达集团下属酒店除了推出专门针对儿童的服务产品外,还与集团下属的大型商场内的儿童游乐场进行整合销

亲子旅游与住宿业

图5 深圳观澜湖度假酒店暑期夏令营

图6 深圳观澜湖度假酒店高尔夫训练营

售;万达集团酒店经营的理念是将酒店社区化,同时为儿童提供社区化和多元化的体验服务,因此,万达的部分度假酒店作为社区的配套,建在集团的综合广场旁边,同时也丰富了酒店客人对周边配套服务的选择。中国很多本土高星级度假酒店的功能已经不单单是住宿功能,尤其在寒暑假推出的各种夏令营和培训班已经完全形成了成熟的儿童系列产品。

访谈中,高管们都认同家庭旅游市场是度假型酒店必须争取的客户,如何让他们成为自己的忠诚客户,很多高管都相信儿童在这当中可以起到决定性的作用,因此酒店对儿童客户的重视程度会越来越高,而随之推出的相关配套设施、服务和产品会越来越人性化、越来越接近儿童客户真正的需求,使之拥有更愉悦的体验。

4 结果与初步探讨

4.1 中国本土高星级度假酒店较中国欧美高星级度假酒店硬件、软件更优

就采访结果来看,也许是因为中国本土高星级度假酒店更了解中国文化和中国人的家庭观念,更理解儿童对家庭的重要性和地位,因此在硬件设施上他们更愿意花心思和财力去满足儿童的需求,在软件服务上也更为周到和多元化。中国本土高星级度假酒店对儿童关注意识的偏向性,会使其在酒店硬件设施和软件服务的设计中更多地考虑儿童的特点和需求,从而为儿童客户提供更加多元化的产品选择。

深圳观澜湖度假酒店是著名的高尔夫酒店,因为暑假是高尔夫运动的旺季,因此该酒店根据孩子需求设计了可爱的儿童房以及各种丰富的暑期夏令营与培训班,以"爱"为主题吸引着儿童与家长,并努力将亲子游客户群体转变成酒店的回头客、忠诚客户,这值得其他中国本土高星级度假酒店进行参考与借鉴(图5、图6)。

4.2 中国本土高星级度假酒店儿童产品开发

从受访的情况看来,目前来说中国本土和欧美高星级度假酒店的儿童产品都已经非常丰富,并且会把儿童定位为酒店的目标客户与忠诚客户对象,意识非常超前。中国本土高星级度假酒店在推出产品时通常能够获得优势,是因为本土企业比欧美企业更了解本土文化,很多高星级度假酒店在设计之初就已经根植了很多本土文化元素,而且相对欧美高星级度假酒店而言也更了解本土消费者的观念和行为习惯,例如中国家长对各种儿童项目和活动的需求及认同,因此也更容易获得认可。欧美度假型酒店的品牌知名度相对而言更深入民心,中国本土高星级度假

酒店只有让更多的消费者有体验的机会才能争取更多的客户，而争取回来之后如何能够把服务做到极致，最终得到客户认可并成为忠诚客户是每个度假型酒店的必修课。

目前受访的一些中国本土高星级度假酒店选择开发一些儿童产品去提高住宿以外的消费。首先，每逢节假日和小长假，受访的中国本土高星级度假酒店会针对住宿亲子家庭旅游客户群体推出一系列的儿童活动项目与打包产品。例如热门的儿童培训课程（高尔夫、夏令营、游泳、潜水、烘焙、礼仪、茶道等）、热门的儿童户外拓展项目（童军营）等，还有用优惠的打包价格吸引亲子家庭旅游客户，尤其是初次体验的客户。这些活动产品与项目值得借鉴。其次，针对非住宿的周边居民可以提供一些非周末和非节假日的活动优惠和活动项目，不仅可以扩大酒店知名度，提升酒店人气与影响力，发掘潜在的客户群体，也可增加住宿以外的收入。最后，目前无论是中国本土的高星级度假酒店还是欧美高星级度假酒店都相继推出儿童会员卡。愉悦的童年体验和深刻的体验烙印是为酒店培养未来忠诚客户的途径之一。儿童会员卡不仅仅只是一张让孩子高兴一时的卡，也意味着儿童对酒店潜在的忠诚度。

4.3 配套型中国本土高星级度假酒店社区情感连接

无论是中国还是欧美高星级酒店受访者都提到目前国内有不少本土高星级度假型酒店是因社区而建，主要是起到配套作用。其中一个不方便透露酒店名字的高管就工作在该类型的度假酒店，他坦言他们酒店确实只是社区的一个配套，但是他们会加强跟整个社区的互动，例如推出社区大型儿童游乐场的套票，让儿童除了酒店室内和室外活动空间以外，还有更丰富的选择。配套型中国本土高星级度假酒店需要跟社区进行更良性的情感连接。

首先，可以通过优惠建立更频繁的社区互动。例如社区业主的孩子可以获得一定的优惠，可以考虑提供内涵更丰富、价格更亲民、活动更长久（延续性）的亲子活动与项目。其次，应对酒店的亲子产品进行及时的优化与更新，以达到吸引客户多次消费而成为酒店的忠诚客户群体。足不出户的家门口度假亦可引领一种新的度假方式。最后，把社区居民的亲朋好友纳入潜在客户群体，将酒店变成社区居民的一个休闲度假的好去处，并且在亲朋好友拜访时能够光临酒店，甚至于酒店成为亲朋好友拜访的一个理由。

4.4 关注儿童客户会成为未来的一种新趋势

虽然文中所采访的中国本土高星级度假酒店因为重视儿童客户，而能够提供更人性化和多元化的儿童产品，但是，我们不能忽略目前国内做得比较好且规范化的本土高星级度假酒店还只是极少数。重视儿童的需求是未来国内酒店的趋势，尤其是面临淡旺季的酒店如何调动儿童市场是我们需要思索的，例如观澜湖度假酒店在暑假面临高尔夫客户淡季市场时，针对亲子家庭和儿童的夏令营市场反响很好。

在未来，相信会有更多的中国本土高星级度假酒店把儿童客户作为目标客户群体之一，会出现更多不一样的高星级度假亲子酒店，值得期待。

参考文献

[1] 易观智库. 中国在线亲子游市场专题研究报告2015. http://www.traveldaily.cn/article/99033.2016.
[2] 刘妍. 我国亲子旅游开发的现状、问题及对策[J]. 科技广场, 2013（11）：206–210.
[3] 王玮, 郭凌志. 分羹亲子市场 北京酒店齐"卖萌"[J]. 中国旅游报, 2015. A01版.
[4] 白凯, 付国群. 家庭旅游决策研究的中国化理论视觉与分析思路[J]. 旅游学刊, 2011, 26（12）：49–56.
[5] Belch, M. A., Willis, L. A. Family decision at the turn of the century: Has the changing structure of households impacted the family decision–making process?[J]. Journal of Consumer Behavior, 2002, 2（2）：111–124.
[6] Jenkins, R. L. Family vacation decision–making[J]. Journal of Travel Research, 1978, 16(4)：2–7.
[7] Paul, R. T. Gareth. S. & Allan. W. 1997. Tourist group holiday decision–making and behaviour: the influence of children[J]. Tourism Management, 1997, 18（5）：287–297.
[8] Cedric, C. 1995. Children's attitudes to holidays overseas[J]. Tourism Management, 16(2)：121–127.
[9] JoAnne, L., Line, R. Chldren's influence on family decision–making :A restaurant study[J]. Journal of Business Research, 2001, 54 :173–176.
[10] 2016年 TripBarometer 全球旅游经济报告[EB/OL]. [2016]http://www.pinchain.com/article/59837.
[11] Walker J R. The Introduction to Hospitality (the 7th Edition)[M]. New Jersey: Person Prentice Hall, 2006, 36–78.
[12] Inkabaran R, Jackson M., Chhetri P. Segmentation of resort tourists: A study on profile differences in selection, satisfaction, opinion and preferences[A]. // : Smith K A, Schott C. Proceedings of the New Zealand Tourism and Hospitality Research Conference 2004[C]. Wellington, 8–10 December, 2004: 136–145.
[13] 宋书楠, 冯明会. 亲子旅游的特征研究——基于去哪儿网和同程旅游的调研报告[J]. 改革与开放, 2015（17）：83–88.

台湾地区宜兰县的亲子主题住宿之探讨
A Discussion of Kids Hotels in Yilan, Taiwan

文 / 董逸帆

【摘　要】

台湾地区的旅游住宿大致分为旅馆及民宿两大类，而台湾地区宜兰县合法且登记在案的旅馆为205间，民宿为1225家。近年来，台湾地区随着社会少子化，有孩子的家庭旅游及住宿主要以满足孩子欢乐的需求为主；此外，旅游住宿虽然蓬勃发展但竞争也日趋激烈，业者无不挖空心思寻找新颖的主题来规划住宿设施及活动借以吸引旅客。在此趋势下，部分旅馆及民宿业者开始关注于开发并设计出能满足亲子旅游住宿需求的设施及活动，亲子主题住宿随之逐渐兴起热潮，但关于亲子住宿的研究却不多，本文将就台湾地区宜兰县亲子主题旅馆及民宿的设施及活动给予初步的探讨。初步分析指出宜兰县主打亲子主题的住宿多具备明确的亲子设施及活动，并以这些亲子设施及活动为主要吸引亲子客群的亮点，很多父母也以民宿是否有这些亲子设施及活动作为选择的考虑，而亲子设施及活动以迷你电动赛车、溜滑梯、室内帐篷、孩童游戏室等为主流风潮。台湾地区宜兰县以亲子度假为主题的住宿正蓬勃发展并逐渐进步成熟，但同时也有过度开发的管理隐忧。

【关键词】

亲子旅馆；亲子民宿；亲子设施及活动；台湾；宜兰

【作者简介】

董逸帆　宜兰大学休闲产业与健康促进学系助理教授

1 绪论

1.1 台湾地区的旅游住宿简介

中国台湾地区目前有六个"直辖市":台北市、新北市、桃园市、台中市、台南市及高雄市;三个"省辖市":基隆市、新竹市及嘉义市;十三个县:新竹县、苗栗县、彰化县、南投县、云林县、嘉义县、屏东县、宜兰县、花莲县、台东县、澎湖县、金门县及连江县,各县市的旅游各具特色,住宿选择也十分多样。台湾地区的旅游住宿大致分为旅馆及民宿两大类,目前全台湾地区合法且登记在案的旅馆为3163间,民宿为6535家(台湾观光局旅宿网)。旅馆类又可分为观光旅馆及一般旅馆两类,其主要分别为,观光旅馆的主管机关是"交通部"观光局,采用许可制,业者须按观光旅馆业管理规则进行申请,获得主管机关许可才可以;观光旅馆以外的,为旅客提供住宿休息者则是一般旅馆,主管机关是"直辖市"及县(市)观光主管机关,采用登记制,旅馆业者按旅馆业管理规则进行申请,只需去主管机关登记即可;观光旅馆与一般旅馆皆可参加星级评等。但不论观光旅馆、一般旅馆及民宿皆可接待旅客且无特别限制和区别。

根据台湾地区《民宿管理办法》的规定,民宿是指利用自用住宅空闲房间,结合当地人文、自然景观、生态、环境资源及农林渔牧生产活动,以家庭副业方式经营,提供旅客乡野生活的住宿处所;其经营规模,以客房数5间以下,且客房总楼地板面积150m²以下为原则;但位于原住民保留地、经农业主管机关核发经营许可登记证的休闲农场,经农业主管机关划定的休闲农业区、观光地区、偏远地区及离岛地区的特色民宿,客房数得以15间以下,且客房总楼地板面积200m²以下的规模经营。

1.2 宜兰县的旅游住宿简介

宜兰县为台湾地区重点观光旅游县市,位于台湾东北部,与新北市、桃园市、新竹县、台中市、花莲县相邻,东临太平洋;辖宜兰市一市,罗东镇、苏澳镇、头城镇三镇和礁溪乡、员山乡、壮围乡、五结乡、冬山乡、三星乡、大同乡、南澳乡八乡,县治设在宜兰市,县内观光资源丰富且旅游活动兴盛。根据台湾观光局旅宿网的数据,宜兰县合法且登记在

图1 民宿旁的田园风光

图片来源:作者提供

案的旅馆为205间，其中星级旅馆有16家，分别为五星级旅馆3家，四星级旅馆2家，三星级旅馆5家，二星级旅馆6家，其他为未列入星级评鉴的地方小型旅馆；宜兰县民宿为1225家，民宿数量为全台之冠，占全台湾地区民宿总量近1/5，宜兰县民宿多以田园风光为主（图1）其中以冬山乡有303家最多，南澳乡有7家最少（表1）。

1.3 亲子主题住宿热潮兴起

近年来，台湾地区因社会少子化，孩子个个是宝，只要孩子开心，父母也开心，因此有孩子的家庭旅游及住宿主要以满足孩子欢乐的需求为主，进一步达到亲子同乐的境界；此外，旅游住宿虽然蓬勃发展但竞争也日趋激烈，业者无不挖空心思寻找新颖的主题来规划住宿设施及活动借以吸引旅客，根据张凤祥（2012）[1]的旅馆服务重点项目调查，建议旅馆业者应重视并加强三个服务项目，提供"亲子活动"为其中之一。在此趋势下，部分旅馆及民宿业者开始关注于开发设计出能满足亲子旅游住宿需求的设施及活动，亲子主题住宿随之逐渐兴起热潮，但关于亲子住宿的研究及探讨却不多，本文将就台湾地区宜兰县亲子主题旅馆和民宿的设施及活动给予初步的探讨。

2 宜兰县亲子主题旅馆

宜兰县亲子主题的旅馆以兰城晶英酒店最具代表性。兰城晶英酒店不只是宜兰县也是台湾地区率先重视亲子度假的五星级酒店之一，

表1 宜兰县各乡镇市民宿与旅馆一览表

乡镇市名	民宿数量	旅馆数量	5星	4星	3星	2星
宜兰市	9	31	1	0	0	2
头城镇	38	6	0	0	0	1
礁溪乡	114	108	2	2	4	2
壮围乡	39	1	0	0	0	0
员山乡	110	1	0	0	0	0
罗东镇	142	35	0	0	1	1
苏澳镇	10	13	0	0	0	0
五结乡	274	6	0	0	0	0
三星乡	145	0	0	0	0	0
冬山乡	303	1	0	0	0	0
大同乡	34	3	0	0	0	0
南澳乡	7	0	0	0	0	0
宜兰县	1225	205	3	2	4	6

是目前宜兰地区首屈一指的亲子度假旅馆，备有贴心活动企划员细心照料孩童，让家长感到安心无虞，享受一个欢欣的亲子假期。该酒店曾获番薯藤网络评比"2015年全台十大亲子饭店"第一名。不论在设施、房客，还是休闲活动、游戏的设计上，均考虑亲子住宿的需求，令亲子合作互动。兰城晶英酒店的亲子设施与活动主要有以下四个特点：

（1）小小赛车手主题——楼层走道是小朋友的赛车跑道

图2 兰城精英芬朵奇堡

图片来源：作者提供

图3 兰城晶英电动车选手　　　　　　　　　　　　　　图片来源：作者提供

图4 兰城晶英亲子赛车活动　　　　　　　　　　　　　图片来源：作者提供

为打造亲子同乐环境，兰城晶英酒店特别规划"芬朵奇堡主题楼层"（图2），楼层走道设置成小朋友迷你电动车跑道，入住后小朋友可至车库任选一部喜欢的电动车，有各种名牌车款，如宝马、法拉利、兰博基尼等可供选择，小朋友选定迷你电动车后，可尽情在主题楼层走道驾驭，并可将电动车开至客房门口停放，小朋友可过足小小车手的瘾（图3）。主题楼层为环游世界的街景手绘墙面，适合在此驻足停留、拍摄留影，奇趣场景能创造小朋友的驾驶视觉新乐趣。还举办了可爱驾训班，并有专人指导孩子学习开车的知识及技巧，每一部车都有专属管家帮忙保养管理。

（2）结合购物商场规划亲子活动

兰城晶英酒店结合楼下台湾东部地区最大的购物商场——兰城新月广场，设计亲子活动百货躲藏游戏"全员逃走中"，大人小孩可实境体验追逐乐趣，独具娱乐互动性。利用合体共构的新月广场一至四楼场所包馆，展开45分钟的生存游戏，房客于百货楼层快速走动闪躲、猎人追补，充满逃亡的紧张刺激感，亲子可组队参加，增进互动情感，小孩在微暗的空间玩起躲猫猫，大人们也重拾了童心乐趣，最后幸存者可获得免费住宿券大奖。

（3）结合影城规划亲子活动

兰城晶英酒店结合台湾东部地区最大影城——新月豪华影城，设计亲子活动"新月爆走寻宝趣"，关卡延伸至新月豪华影城，进入影厅内看电影预告抢答谜题，可体验豪华座椅及最新的视听影音系统，让大小朋友可享受到电影院高档次的视听享受，再至百货广场寻找破关任务。亲子合作可培养默契，训练孩童脑力激荡与反应力。别出心裁的闯关设计游戏，展现了饭店致力亲子互动娱乐的创新力。住宿期间还可享影城电影无限看。

（4）以水陆空乐园式度假娱乐活动打造亲子同乐模式

兰城晶英酒店试图给了亲子房客"水陆空乐园式度假"，打造彩虹旋转溜滑梯及海盗船水上活动户外亲子小区，打造以吉祥物奇奇为造型的大型海盗船，企划"兰城晶英海盗大冒险"。亲子欢乐互动，协力射击枪战，小朋友化身为各方小海盗与海军进行枪战、水战，充满欢乐冒险感。陆上活动则是大人小孩都可参加的SONY赛车专属游戏区（图4），坐上AP1赛车椅，驾驶PlayStation® "GRAN TURISMO®6"竞速赛车，在超高规格的仿真驾驶环境中任意驰骋，全心投入享受GT电玩赛车的超速快感，每天都有精彩刺激的赛程。每天儿童组及成人组冠军可获得免费住宿券大奖，活动总决赛再送出酒店套房住宿券、iPhone、SONY电视机等丰富奖项。空中活动则设置空中彩虹溜滑梯，打造了彩虹结合透明段的旋转造型，自九楼空中滑向八楼，滑入有上万颗满满的彩色缤纷球池中。

3 宜兰县亲子主题民宿

以往游客对民宿选择考虑的因素，吴菊（2009）[2]的研究显示以"价格合理""主人亲切""安全环境""独特新颖""身心解放"为前五名，对民宿主题并无特别考虑。台湾地区在加入WTO后对农业为主的县产生很大的冲击，宜兰县为传统农业县，县政府也积极推动农村转型并鼓励农民以经营民宿为副业以贴补收入、减少冲击。但随着农地使用与拥有法规松绑，及旅游住宿需求旺盛，越来越多非农民也购买农地开起民宿。但随着民宿越开越多，竞争也日趋激烈，宜兰县合法登记在案的民宿就有1225家，未合法登记的更是不计其数。因此民宿业者开始设定不同主题以达到差异化，进而期望吸引有不同需求的旅客。以亲子为主题的民宿是最近这几年兴起的热潮，许多民宿都或多或少在设施及活动上加入亲子的元素，也出现一些主打亲子主题的民宿。根据台湾官方观光局的台湾旅宿网，宜兰县主打亲子主题的民宿有6家，以冬山乡的4家最多，礁溪乡及三星乡各有一家（表2）。

宜兰县主打亲子主题的民宿多具备明确的亲子设施及活动，并以这些亲子设施及活动为主要吸引亲子客群的亮点，很多父母也以民宿是否有这些亲子设施及活动作为选择的考虑，可以让小孩就近在民宿里玩个过瘾，爸妈也不用再去找其他地方打发时间，以下将就宜兰县主打亲子主题的民宿的亲子设施及活动做一初步的探讨与分析，以亲子住宿为主题的民宿多具备下列全部或部分亲子设施及活动。

表2 宜兰县各乡镇市民宿与旅馆一览表2

民宿名称	乡镇	主要亲子设施及活动
莱爷爷亲子蔬宿	礁溪乡	幼儿园、可爱动物区、菜园、游乐场
梦想森林亲子民宿	三星乡	树屋、游戏室、戏水池、亲子脚踏车
亲亲宝贝亲子民宿	冬山乡	溜滑梯、游戏室
76亲子民宿	冬山乡	溜滑梯、室内帐篷、迷你电动赛车、树屋
丢丢当亲子民宿	冬山乡	生态池、独角仙光蜡树＆甲虫生态观景台、戏水池、迷你电动赛车、游戏室、溜滑梯
儿童王国亲子民宿	冬山乡	房内专属溜滑梯、亲子脚踏车

（1）溜滑梯

溜滑梯一直以来是小朋友最爱的活动之一，因此近几年溜滑梯为宜兰民宿设施风潮的主流，几乎已经是亲子民宿的必备要件。例如在宜兰县冬山乡的"儿童王国亲子民宿"，每一个房间都有自己专属的溜滑梯。很多宜兰的溜滑梯民宿全栋只能共享一个溜滑梯或是部分房间有滑梯，但是"儿童王国亲子民宿"标榜每间都是溜滑梯房。"76亲子民宿"则设有海绵宝宝城堡溜滑梯，以特色溜滑梯吸引小朋友（图5）。

（2）迷你电动赛车

自从兰城晶英酒店开启亲子旅馆内的迷你电动赛车风潮后，标榜亲子主题的一些民宿也跟着引进迷你电动赛车，如"76亲子民宿"，有将近10台迷你电动车，有住宿的房客都可以让小朋友在后面的空地上开电动车，且周围有水泥围起来，所以不用担心小朋友会把电动车开到道路上（图6）。

图5 76亲子民宿房间内的溜滑梯　　　　　　林诗晏/摄

图6 76亲子民宿电动车停放处　　　　　　　林诗晏/摄

图7 76亲子民宿房内有儿童专属的帐篷和空间　林诗晏/摄

(3) 室内帐篷

在露营时睡帐篷是一个独特的住宿体验，对许多小朋友深具吸引力，父母和孩子一起挤帐篷又可拉近亲子距离，创造共同体验及集体回忆。但露营场地如在户外，易受风吹雨打及蚊虫骚扰，且荒郊野外会有许多生活上的不便与风险，尤其是对有小孩的都市家庭更甚。"76亲子民宿"便是全宜兰第一家在房间里面设有小朋友专属帐篷的亲子民宿，设置室内帐篷有可能成为继迷你电动赛车及溜滑梯后另一亲子民宿设施风潮(图7)。

(4) 孩童游戏室

设置孩童游戏室已是亲子主题民宿的标准配备，且有朝着更大的空间及更多样游戏器材设施发展的趋势。如"梦想森林亲子民宿"有大而明亮的游戏空间，"亲亲宝贝亲子民宿"设立独立的游戏室，"丢丢当亲子民宿"更是设置超大游戏室，不管是溜滑梯、摇摇马还是攀爬设施，都可以满足不同年龄层的小朋友。

(5) 生态教育设施

宜兰县工业污染较少，因此生态资源丰富，亲子民宿便利用这些生态资源设计亲子生态教育活动。如"丢丢当亲子民宿"，一进门看到的就是两颗会聚集独角仙的光蜡树，独角仙会吸取光蜡树分泌的汁液，所以每到傍晚就会有大量的独角仙聚集在树上，成为甲虫生态观景台，作为亲子生态教育活动的活舞台(图8)。

(6) 亲子戏水池

亲子戏水池为夏日亲子活动的重要设施，其主要功能为玩水及泡水消暑而非游泳，外加孩童较矮，

图8 聚集独角仙的光蜡树　　　　　　　图片来源：赖玺宇、邹钧森提供

图9 丢丢当亲子民宿的龙造型戏水池　　图片来源：赖玺宇、邹钧森提供

因此水深不可太深，一般大约是60cm，大人可以安心坐在旁边看小朋友玩水，如"丢丢当亲子民宿"有龙造型的亲子戏水池（图9、图10）。

(7) 树屋

树屋为欧美许多家庭的亲子空间或小朋友的秘密基地，树屋能拉近亲子间的距离。"梦想森林亲子民宿"有一座用童书绘本打造而成的树屋，树屋造型的阁楼仿佛就像是一座小型图书馆（图11）。"76亲子民宿"也设有有龙猫造型树屋。

(8) 其他设施及活动

除了上述这些主打的亲子设施，还有很多其他孩童游乐设施，如荡秋千、沙坑、跳格子、亲子脚踏车、儿童床、电视，固定会放"幼幼台"等，另外还有小朋友喜欢的糖果跟饼干可以免费一直吃。这些很多亲子民宿都有配置但不是主要吸引亲子选择住宿的设施及活动。

(9) 孩童日常所需设备

小朋友日常生活有许多和大人不同的需求，带小孩出门旅游也会有许多的不方便，因此主打亲子旅游的民宿需帮在外的父母准备许多小朋友们的日常生活所需，提供如奶瓶刷、儿童马桶坐垫、温奶器、婴儿浴盆、婴儿的寝具用品、奶瓶消毒器、消毒锅等，现今宜兰的亲子民宿大都设想周到，孩童日常所需设备也都一应俱全，可以说几乎是帮亲子家庭全部设想到了。许多亲子民宿更会设想许多一般人没想到的小细节，如"亲亲宝贝亲子民宿"主人都是用婴儿专用的洗衣精来清洗寝具，所以平常会过敏、外出需要带自己床单的小朋友，来这边可以很放心地使用民宿准备的被单。

(10) 特殊形态的亲子民宿

"菜爷爷亲子蔬宿"是附属在一家幼儿园里的特殊民宿，之所以不叫"民宿"而称为"蔬宿"，是因为民宿主人说还有蔬菜园，且从名字开始就要差异化，跟别人不一样，游客才会印象深刻。近年来台湾社会少子化，幼儿园学生数也大不如前，所以该民宿决定转型，将后半部的"教室"改为"房间"，既然是幼儿园，就一定会有孩童游乐设施。房客若是平常来，幼儿园的小孩下课时就都有玩伴了。结合幼儿园的民宿定位为亲子主题民宿，看起来是再合理不过了，令人莞尔且值得一提（图12）。

图10 泳池边的户外游玩空间　　　　图片来源：赖玺宇、邹钧森提供

图11 梦想森林亲子民宿树屋造型图书馆　　　　林诗晏/摄

图12 菜爷爷亲子蔬宿　　　　林诗晏/摄

4 结语

台湾地区宜兰县以亲子度假为主题的住宿正蓬勃发展并逐渐进步成熟，旅游住宿业者已清楚了解亲子度假住宿的需求，并以孩子的视野去设计设施及活动，营造友善的亲子环境和有趣好玩的居住空间，提供多种父母及小朋友想得到跟没想到的游乐设施及活动。但宜兰旅游住宿的过度开发也导致整体环境破坏，游客增加快速造成交通及环境过度拥挤，如何让宜兰整体旅游质量提升并健康发展，也考验着当地政府与业者的智慧与管理技巧。

注释

台湾地区的旅馆一般也称"饭店"，等同内地与港澳地区的酒店，近年来部分台湾地区的旅馆饭店也沿用内地与港澳地区的用法，以"酒店"命名之。

参考文献

[1]张凤祥.安康SPA,游阶层式服务系统建构——以SPA温泉旅馆为例[D].国立高雄应用科技大学观光与餐旅管理系,2012.
[2]吴菊.游客选择民宿关键因素之探讨[J].岛屿观光研究,2009,2(3):28-45.

日本·奈良的鹿与孩子

家庭/儿童旅游者行为
Family/Children Tourist Behavior

马 辛　一名消费者视角的亲子旅行

黄潇婷　张琳琳　主题公园中的儿童旅游行为特征及影响因素探究
　　　　　　　　——以香港海洋公园为例

王 凛　王 皓　郑 洁　万珊珊　司振宇　儿童游乐设施对商务酒店自助餐厅顾客体验影响研究

徐晓东/摄

一名消费者视角的亲子旅行
Traveling with Kids: A Consumer's Perspective

文 / 马 辛

【摘 要】

近年来,亲子旅行逐渐流行。所谓亲子,以协同下一代出行为主,也包括了祖父母辈的上一代。本文以作者自己三代同游的实例,记录了出行前、旅途中,以及返回后的经历,分析了家庭自助旅游与其他旅行的异同及其特定的意义。

【关键词】

亲子旅行;家庭旅游;自助游;三代同行

【作者简介】

马 辛 摩根大通银行香港分行经理

注:本文图片除标注外均由作者提供。

去年在微信公众号"奴隶社会"里相继看到过两篇文章,《带上俩娃去旅行》和《带上父母去旅行》。那时我就在想,要是带上俩娃和父母一起去旅行,又会是怎样的一种体验呢?

没想到今年六月就有机会体验了一把。

1 起因篇

出游的初衷其实很简单务实,一点也不浪漫主义——工人姐姐要放为期两周的大假,俩娃如何安置?老大学校的暑假又刚好放得早,趁着高峰来临前出门旅行是最划算的了。而外公外婆正好也安排得到假期,干脆一起去,一家人热热闹闹的多好。更何况,我从小就许诺要带他们周游世界,然而直到现在都还没兑现过,这也算是一个开端吧。

这次全家出游的目的地,我选择了日本。距离近且交通便利是主要原因。其次是因为我十多年前去日本学习生活过,虽然日语已经忘得七七八八的了,但相对于其他全家都没有去过的东亚国家和地区,毕竟心里比较有底。签证因素不在考虑范围之内,反正中国护照去哪儿都需要签,去哪儿都不难签,照章办事即可。其他的考量还包括六月初的气候、景点的亲子程度、城市交通的便利程度等。

综合考虑之下,我选择了关西地区,主攻大阪和京都,神户和奈良备着作一日游用。我首先排除了近年来在香港大热的北海道和冲绳地区,因为据说自驾游才能体会这两个地方的精华,而我和先生都不会沿着

图1 大阪城公园　　　　　　　　　　徐晓东/摄

道路左侧驾驶。我在关东和关西之间迟疑了一下,便很快作出了决定。京都是我在日本最爱的城市,没有之一。她的古朴和优雅曾让我深深着迷,我相信父母和先生也一定会为之倾倒。至于两个小朋友……倒是得好好安排一下。大阪也是我喜爱的城市,她的热情直爽比高高在上的东京让我更有亲近感。而大阪及神户一带有许多适合小孩的景点,可以让两个小朋友玩个够。

2 计划篇

人一旦开始潜心做一件事情,有时难免会钻个牛角尖。这次出行的

起因虽然简单，但当我开始制定计划时，发现不单单要考虑自己，还要考虑老人和小孩，时常会感到千头万绪。有没有老少咸宜的地方？如果要兵分两路的话该怎么安排？怎样坐车才能最快最便宜最不用走路换乘？要不要带手推车？坐JR还是坐南海电铁？诸如此类。我很早就开始利用上下班的时间搜索自助游攻略，读了很多博客和论坛，但总觉得信息太零散，没有一个像样的体系把信息串起来。在这样的状态下制定计划自然效率低下，让人抓狂。

直到有一天，我突然静下心来，问自己这次出行的目的究竟是什么。是要游遍京都名胜古迹？是要吃遍关西美食？或是要疯狂购物把机票钱赚回来？以上这些当然都不是主要目的。其实我们这次最主要的任务不就是一家人开开心心地出去玩一通，让父母们多些游历的谈资，让我和先生可以从繁忙的工作中喘口气，让孩子们增长见识，并且让全家享受难得的整整十天朝夕相对的美好时光吗？

一旦想明白了，很多的纠结就迎刃而解了。管他这个PASS那个联票，有车坐就好。管他什么"非去不可"的景点，我们在酒店里待一天也没人管得着。那个要提前一个月预定的高级餐厅也见鬼去吧，我们到时候有没有胃口现在哪会知道。

于是，我们本次出游的宗旨成了以轻松为主导、灵活自由、想干嘛干嘛。景点能看到几个就算几个，有必要就兵分两路。除了往返机场及京都赴大阪的交通方法事先做好功课，其他情况下就随机应变。我把做了一半的日程表删除，重新把有兴趣的景点列了个清单，预备着到时候临场发挥。

关于具体的安排，分住、行、玩三方面大致讲一下。

首先是住宿。既然去到京都，怎能不让大家体会最经典的日本古风，又怎能不住日式旅馆呢？所以在订京都住宿的时候，我只锁定了日本传统旅馆。对于此类住宿是否适合一家老小，网上褒贬不一。说好的有提到小孩多喜欢睡在地上的榻榻米，古色古香的建筑多有特色，服务人员多么亲切有礼。说不好的则提到木质结构的老房子隔音较差，如果隔壁住了与小孩作息大不相同的年轻人的话，可能会影响休息。这一点让我着实担心，然而想要体验日本特色的决心压倒了一切顾虑，经过耐心的网上搜寻，结合了订房网站的评语、论坛，以及博客内容，我终于找到一家看起来比较适合家庭的老牌日式旅店。事实证明这些评价还是很准确的，在这家旅店的住宿不失为我们整个旅程的一大亮点。至于大阪的酒店，我选择了离闹市区不近也不远的一家连锁商务酒店。有几点考虑：我们全家人（尤其老人）好静，但也有不少购物观光的安排，一个闹中取静的位置是最理想的。同时，我们旅行的目的之一是要放慢节奏，体验当地人的生活。而这家位于居民区和学校附近的酒店旁边就有两家超市以及一家大型的本地市场。这样的配置绝对符合我们的"心水"。

其次是出行。日本铁路系统的发达我是曾体会到的。不同公司运营不同的路线，例如从关西机场到大阪市中心就可搭乘南海电铁到难波，或是JR西日本的新干线到天王寺。同一条路线也会有几种变化：快车还是慢车？指定席还是自由席？有没有儿童半价？还可以有更复杂的考量：有没有其他特别优惠（如与某门票或车票以套票形式合买）？如果可以在海外提前购买，有没有优惠？在日本境内买票的方便程度如何？千变万化，实乃无穷尽也。我刚开始研究时实在有些晕。本着尽量轻松自由的宗旨，我决定把省钱放在其次，按需决定，让大家怎么轻松怎么来。

最后便是玩了。如前文所提，我一开始试图列一个具体到每一日的行程表，但越写越感到不可控因素太多，除了往返日本的航班，其他的项目完全不敢把时间定下来。于是我摒弃了看上去很牛的行程表，改列了一份大家可能有兴趣的景点清单，注明可能参与的人员，不定日期（表1）。

这只是我清单的一部分，而且在实际操作中出现了不少改动。我们大约只去了清单上的一半地方，去神户或奈良的一日游最后变成了在酒店里的一日休息。只能说计划赶不上变化，所以需要提前预订的项目还是可免则免了。

3 出游篇

3.1 出游篇——赴日

六月初，外公外婆由上海飞来与我们团聚。大家等着哥哥学校一放假，便可以出发了。6月9号是端午节，香港公众假期。朋友圈里满屏幕的粽子龙舟，我们一家老小则是浩浩荡荡地向机场进发。

21个月的妹妹虽然体积最小，

表1 感兴趣的景点行程单

景点	参与者	备注
京都金阁寺	外公外婆单独	热门景点，早去人会比较少
京都锦市场	全家	吃饭好去处
京都花见小路	全家	适合傍晚五六点，有可能见到艺伎出没
大阪乐高乐园	我们 + 老大老二	大小孩都适合
大阪摩天轮	全家或外公外婆单独	标志性景点
大阪 Kidzania	我们 + 老大	适合三岁以上，需要外公外婆照看妹妹
大阪难波或梅田购物	我们单独或外公外婆单独	不带小孩
神户一日游	全家	面包超人博物馆，神户牛等
奈良一日游	全家	春日大社，喂鹿等

图2 夕阳下，小巷子里的晴鸭楼

出门时的行李却是最多的。箱子里的各种换洗衣物奶粉尿片那是一定要有的。为了不让她搞出什么"幺蛾子"，大闹机舱，我随身带的大包里塞满了各种"镇妖神器"：小包装的零食、小罐的免洗消毒液、小毛绒玩具等。在飞机上，我犹如哆啦A梦一般，当一样不管用了，便拿出另一样法宝继续。于是，吃吃零食，做做游戏，看看ipad上的视频，还很好运地睡了一阵。时间变成五分钟十分钟的碎片，也就这么一片一片地过去了。老天保佑，妹妹的表现总体可圈可点，全程心情很好地逢人便主动招手飞吻什么的，让我大为庆幸。

顺利抵达机场，顺利进关，顺利来到火车站。我在网上预定了优惠车票，需要前往JR的绿色窗口购买。这是整个旅程里我唯一感到不够人性化的一点：在网上预订的旅客并没有特别通道，而是需要和所有人一起排队。眼看着有些完全不明情况的旅客在窗口一问再问，我觉得自己事先在网上作调研的大量时间都被浪费了。这个队排了我足足四十分钟，而取票只花了五分钟不到，即使相比在自动贩卖机上购买全价票每个人省了一百多港币，但时间花得有些不值，下次得重新考虑。

到了京都火车站，大家都有些饿了，于是买了一堆饭团充饥。这是大家第一次品尝日本的食物——虽然只是一些饭团，但还是被惊艳到了：米粒颗颗晶莹饱满，又香又有嚼头，配着脆脆的紫菜，让人惊叹这么简单的材料居然也可以如此美味。出站后，我们乘上当日的最后一样交通工具——出租车。日本的士价钱贵过纽约、中国香港，但服务也好了

图3 晴鸭楼一进门的小花园

我们从京都火车站坐的士,大约过了六七分钟,车子拐进了一条窄到不可思议的小巷子里,行驶了几十米便看到了晴鸭楼的招牌(图2、图3)。果然是传统町屋的建筑风格,狭窄而幽深的门洞(因为江户时代京都按临街大门的宽度来收税,所以普遍门庭都较为低调),两边是两排拱起的竹条。一进门,仿佛穿越了时空一般,一股清幽扑面而来。只见一群身着和服的服务人员已经在门口迎接了,用好听的京都腔说着"欢迎光临"。脱鞋,换上他家的拖鞋,简单的入住手续,我们便被两位温柔的和服女士引导着去房间休息。一切都如意料中那么小巧而精致。穿过狭长清幽的走廊,途中还经过一个小小的花园,我们来到了一个差不多只能容纳五六人的电梯,一路乘到了五楼。出了电梯,发现整层楼就两间房——原来咱们包了人家一层楼啊!此刻之前所有关于妹妹是否会吵到其他住客的担忧顿时烟消云散。大家各自进房间,坐在铺着席子的桌旁开始喝茶、吃日式点心,大家的心情一片大好,总算顺利抵达了。

由于到达旅馆时已是下午五时以后,京都的第一顿晚餐,我们预定了在旅馆里享受著名的京怀石料理。京怀石料理的一大特色便是少量多样、一道一道,可以吃一整晚。菜品的搭配、上菜的次序等都大有来头,美味之余还讲究口感和意境(图4)。京都的风格不同于关东地区,更加追求突显时令食材最原本的鲜味,所以虽然清淡,却让人回味无穷。我们用膳的场所是一间独立的房间,室内还有一个小小的石子禅意园,惬意极了。洗去满身的舟车劳

几个等级。我们在接下来的十天里坐过好几次,每次车厢里都一尘不染,座椅上的布套白得发亮。无论路程远近,司机都认认真真地接待客人,不认路的话就马上调出GPS来找,令我每次坐车心里都暖暖的。

3.2 出游篇——京都

我们的旅馆位置便利,步行10至15分钟便可抵达几处名胜。网站上号称该店乃有着百年历史的著名观光旅店。这让我喜忧参半,喜的是我希望给家人的日式体验看来是绝对有保证的了,而忧的是,这样的历史老店能否接受我家妹妹这样的小怪兽?要知道京都有几家老牌旅馆明令谢绝接待儿童。房子的隔音会不会很差?妹妹一旦哭闹会不会引发其他住客的投诉?带着满满的忧虑,我在出行前曾给旅馆发了邮件,强调了我们的随行人员中有幼儿。没想到很快便收到店方的回复,是很流畅的书面英文,表示他们会做好准备,让我不用担心。

顿后享受如此美妙的一顿晚餐，这一切原本应该完美至极。只可惜宁静清雅的气氛被我们的小猴子破坏了。一进屋，妹妹便迫不及待地四处探索——桌上的花瓶、墙上的古画，惊得大家赶忙把她抱走，让服务人员把贵重物品藏好才开始用膳。而小朋友们对精美的前菜并不感兴趣，只得让服务人员一人盛一碗米饭，这才安安静静地吃上饭。

图4　京怀石料理——刺身与前菜

虽然第一晚的京怀石料理没有吃出应有的效果，但回想起来，在该旅馆的五日四晚绝对是我们本次京都行中的最大亮点。两间房都宽敞明亮，传统的布置、榻榻米及浴衣，让大家体验到浓浓的日本风格；房间里的空调系统、电视和卫生间却是先进而便利的，隔音效果也很好，完全没出现我所担心的问题；还有那散发着木香的浴缸、干净舒适的公共浴池，让大家每天都能尽情地放松。更主要的是，我们的那两位身着和服的专属服务员，时刻都笑容满面，让人如沐春风。她们每天都会询问我们有无特别安排，为我们游览的路线出谋划策，出门的时候还会目送着直到我们离开小巷为止。如此的细致和认真让我们印象深刻。全家老小都非常喜欢这家旅店，在这里待一下午都不会感到厌烦。而且，全体服务人员对我家老大、老二都非常包容，尤其是对猴子一般飞檐走壁的妹妹，时常会逗她玩。这让我始料未及，也最让我感动（图5）。

至于游览方面，我们则是深刻地体会到自由行的便利和任性——例如我们在去清水寺的路上，感到太阳较晒，担心小朋友无法承受接下来的爬坡，马上调头乘车去了另一个

图5　与身着和服的服务员的合影

景点。如我所料,三个大人一下便被京都这座城市深深吸引了,但对于小朋友来说,的确是乏善可陈,哥哥跟着我们逛了几座庙宇神社之后便开始抱怨无聊(图6~图8)。于是第二天马上改变策略,我们与外公外婆兵分两路,带小朋友们去游览京都水族馆。到后来仍有剩余时间的情况下,我们带着孩子们去了市内很大的一家玩具店,各自选购了一样玩具,回到旅馆玩了整整一个下午。总的来说,京都并非最适合亲子游的地方,六岁半的孩子尚无法体会到她的古朴和韵味。我只希望这次的所见所闻能在他们心中埋下小小的种子,期待他们有朝一日自己能够体会到千年历史沉淀下来的东亚文化之美。

3.3 出游篇——大阪

和京都一样,在大阪我们也选择了一处闹中取静的所在。这次是一家连锁的商务酒店,其房间非常具有日本特色,即麻雀虽小,五脏俱全。卫生间还有一个会放古典音乐的马桶圈,把如厕时间变得更愉快。我们的房间由于加了一张床的缘故,旅行箱一摊开就连走路的通道都没了。然而慢慢发现各种小电器巧妙地收纳在房间的各个角落,很有设计感。如床头的小手电、衣柜旁的立式蒸汽熨斗、电视机旁的那个完全不烫手的电烧水壶等。这让住在香港的我们心生感慨:香港的居住空间也

图6 伏见稻荷大社

徐晓东/摄

图7 伏见稻荷大社,参拜前需要洗手

图8 神社里的小石子地,成了妹妹玩耍的好去处

图9 用乐高积木搭成的长颈鹿,告诉我们乐高乐园就在前方

不大,家居设计方面完全可以借鉴,将空间更好地利用起来。

大阪的酒店由于比较现代化,电视频道比京都的旅馆要丰富些,还有各种付费的动画电影可以看。自助早餐质量一般,但胜在方便无比,而且种类较多,适合爱换新花样的小孩子们。早起的外公外婆则爱上了逛周围的各种市场。本地街市里有丰富的食材,价廉物美,看得他们手痒痒,恨不得买回来现烧。买不了食材就买水果,所以我们在大阪的每天都有吃新鲜的苹果、葡萄、草莓、香蕉等。至于附近的两家超市,我们全家更是成了常客。一日三餐、零食饮料,甚至妹妹的尿片都入了手,简直就把自己当成了本地居民。

虽然与京都相比,大阪少了很多特色,感觉上只是一个大城市而已。但从带孩子游玩的角度来说,大阪简直是个天堂,充满了亲子活动的场所。我们去了天保山乐高乐园、天王寺动物园、Kids Plaza等地,老大老二基本每次都处于玩疯了的状态(图9)。我原本担心全天的活动会影响妹妹的午觉时间,而事实证明,这位小朋友一玩得高兴便不知疲倦。等到实在体力不支,便直接倒在我怀里睡着,倒是省了哄睡的麻烦。而哥哥也再没有像在京都时那样抱怨过无聊,而是每天都兴致勃勃地和大家讨论又要去什么好玩的地方。有几点让我颇有感触:第一,我们去过的所有游乐场所都遇到日本学校组织学生参加活动,从幼儿园到小学都有,孩子们不见得特别听话守规矩,但普遍比较独立。第二,在日本餐厅里如果点儿童餐,店家通常都会让小孩在等餐时选择一样玩具(如小车、小模型、小发卡等)。不知是否是这个原因,在日本不太见到等餐时由于无聊而捧着手机不放的小孩子呢?

至于外公外婆,来到大阪这样的城市更像是回家了一样,坐地铁、看地图、游览购物,全都不在话下。要说交通路线繁杂,怎能与家乡上海相提并论,而且无论大小车站的标识都十分清楚,加上以汉字为主,中国人出门基本无压力。两位还是脑容量强大的情报搜集员,每天出

家庭/儿童旅游者行为

图10 长长的坂道，有孩子们的欢声笑语便生动了起来

去逛几圈，便探索到了各种卖新鲜食材的市场、卖日用品的商店等。酒店附近哪家小店的面条好吃、哪家的货品便宜等信息也很快收入囊中。有一次去了一家小店吃拉面，老板娘刚好是一位来日本多年的中国人。于是吃一碗面的功夫，外公外婆便连当地人平均工资多少、平均房价几何等信息也了解了。只是连日来的强度还是大了些，最后的几天里，外婆感冒病倒了。我们便取消了原本计划好的神户一日游，全家待在酒店里休息。交了钱，让小朋友们乖乖在酒店里看动画片，大人既得以休息，也方便照顾发烧的外婆。所幸她很快便有所好转，在回港那天退了烧，精神奕奕地与大家一起上飞机了。

4 回港篇

经过极其"累并快乐着"的十天，我们终于回香港了。下飞机的那一刻，我心里是满满的自豪，咱们做到了！大家也一样有说有笑的，都很高兴终于要回家了。老二这个小不点表现还特别明显，下飞机之后一路蹦蹦跳跳，兴奋得不得了。回到家中已是傍晚六点，大家不顾仆仆风尘，一放下行李便冲向楼下商场的酒楼——好多天没喝上一口老火汤，没吃上一盘有锅气的炒时菜了。日本的东西虽然好吃，还是中国的东西最对胃口啊！

休息了一天，又要回去上班了。这个周一对我而言特别艰难，因为在和两个小朋友们厮混了快两星期之后，我已经有点乐不思蜀了。早上出门时，原本一向无动于衷的妹妹哭得异常惨烈，让我既心痛又窃喜。只可惜她很快又会习惯我的早出晚归，不再会对我如此恋恋不舍了。

回到公司，和同事们聊起这次行程，很多人对我们花了十天只去两个地方表示不解，尤其是当听说我们曾经在酒店里宅着看收费动画片更是大喊不值。我一律以大家太过疲劳，需要休息作为解释。这当然是事实，但我心里从未对此感到懊恼，因为我们完成了此行的终极目标——一家人在一起，轻轻松松，想怎样就怎样。期望值不高，自然容易开心。

这些年，越来越多的人热衷旅行，尤其是带上孩子（们）来场亲子游似乎成为了潮流。有人说，带上幼儿出游，即使小孩子仍不记事，旅行仍会益于其大脑发展。也有人说小孩子每出一次门都会成熟。诸如此类，名目繁多。说实话，我个人并不认为旅行本身在育儿过程中有这么神奇的功效。只要父母有心，完全可以在日常生活中结合多样的活动而达到类似的效果。只是，旅行提供了一个相对"封闭"的环境——爸妈们必须和孩子们朝夕相对，这是平日里没有的奢侈。同时，旅行途中更可能出现各种平日生活里比较少出现的状况，让我们有机会带着孩子们一起面对，寻找解决问题的方法。所以，也许孩子们在旅行结束后更容易让人有一下子长大了的感觉。说到底，一切都需要大人悉心陪伴来促成。

对于我们这些平时早出晚归、见不了孩子几面的双职工父母来说，旅行的意义也许会更大一些。当生活环境转换，我们多少可以从平日的忙碌中抽离出来。即使仍然上了瘾似的不停查看公司邮件甚至要开电话会议，心境到底是不同的。这次的旅行无疑为我们提供了极其珍贵的高质量亲子时间。与小朋友们的朝夕相处，让我们惊喜地发现原来哥哥已经俨然一个小大人了，原来妹妹已经会说那么多话了。这一切让我们即使身体再疲劳，内心也无比充盈。这应该是亲子旅行之所以如此吸引人的一大原因（图10）。

而带上父母同行，比帮他们报一个旅行团要有意义的多。诚然，跟着旅行团，他们一定能在更短的时间里游览更多的景点，但那多少有些"上车睡觉，下车拍照"或者一路"买买买"的意味，基本无法根据自己的爱好及身体状况进行游览。我认为只有通过自由行才能真正体验到属于自己的旅行乐趣，其灵活性和独特性是无可比拟的。然而，由于语言文化以及技术上的障碍，我们父母这一代人如果自行出游的话，大多不会选择自由行，从而失去了享受这些独特体验的机会。看到外公外婆玩得开心自在，我感到即使前期准备工作再繁杂再辛苦，这次全家同行也绝对是无比英明的一个决定。

附录1

在日期间，我给老大布置了一个小小的任务：让他把观察到的新鲜事物写下来，现摘录几条：
● 我发现我坐的地铁车厢右边那一节只有女生可以坐（注：日本独有的"女性专用车厢"）
● 我发现日本人用勺子洗手（注：神社外的竹勺，用以参拜前洗净双手）
● 我在京都住的酒店里的门是往旁边推开的
● 我在大阪住的酒店里的马桶会唱歌
● 我发现日本的拉面比香港的还要好吃

主题公园中的儿童旅游行为特征及影响因素探究
——以香港海洋公园为例

Children in the Theme Park: Story from the Hong Kong Ocean Park

文 / 黄潇婷 张琳琳

【摘 要】

儿童作为旅游者群体越来越重要的组成部分,其相关学术研究进程却相对滞后。本文借助其他领域研究成果,以香港海洋公园为案例地,将儿童旅游者按照年龄划分为初中前、初中和高中三个阶段,对儿童旅游者及成年旅游者、不同年龄阶段儿童旅游者的旅游行为特征进行对比分析,并尝试从内部推动和外部限制两个角度对儿童旅游行为的成因做出解释,以期为旅游产品设计提供参考意见。案例分析结果显示,随着年龄增大,儿童旅游者越来越倾向于与同龄伙伴而不是家人一起游览主题公园,而成年后将家人作为出游同伴的比例回升;年龄较小的儿童旅游者尝试不同景点的意愿更高,但对于机动游戏的实际到访率却较低;"游戏娱乐"和"休闲放松"是儿童游览主题公园的最主要动机,"找不到"和"同伴不想去"是儿童区别于成年人实现游览意愿的特殊限制条件,某些设施的特殊要求也会成为儿童游览行为的阻碍因素。以上研究结果可以为主题公园针对儿童旅游者群体进行产品调整、设计和基础设施优化等提供研究支持。

【关键词】

儿童旅游;旅游行为;主题公园;香港海洋公园

【作者简介】

黄潇婷 山东大学管理学院副教授

张琳琳 山东大学管理学院旅游管理专业本科生

1 引言

随着国民可支配收入的增多及出游观念、教育观念的转变，儿童旅游者群体日益庞大。作为家庭的核心成员，儿童的发展需求、生理特征及选择偏好不可避免地成为影响家庭旅游决策的重要因素。现行的儿童出游模式除了以"儿童+家长"式的亲子旅游外，还包括以儿童自身为主体的团队游。越来越多的家长希望孩子可以在旅游过程中开阔视野、提高能力、获得愉悦体验或改善亲子关系，儿童也希望通过旅游活动缓解压力、放松身心、增长见识，并将丰富的旅游经历视为社交谈资。儿童旅游市场具有巨大的潜力，2012—2013年度的《城市儿童生活形态研究报告》显示，"4+2+1"正在成为中国主流家庭结构，儿童逐渐成为家庭消费的核心，在独生子女家庭中，用于儿童的直接与间接消费已经占到了家庭日常消费的60%以上[1]。2015年中国统计年鉴[2]显示，2014年国内14岁以下儿童已经达到2.2亿。2015年10月12日，中国共产党第十八届中央委员会第五次全体会议公报宣布正式推行普遍二孩政策，中国社会科学院测算显示[3]，政策推动下，全国每年将增加400万新生人口，未来三至五年内会迎来第四次生育小高峰，这将为儿童旅游产业需求增长和产业升级起到重要助推作用。

2 主题公园儿童旅游行为研究进展

2.1 儿童旅游行为研究进展

与业界对儿童旅游市场的高度关注不同，学术界对于儿童旅游行为的研究相对滞后。现有与儿童行为相关的研究多集中在心理学、社会学、人类学、医学和教育学等领域。发展心理学创始人皮亚杰（Piaget）[4]认为，儿童的认知发展过程并不是简单地积累叠加的过程，而是在具有本质不同的各个认知阶段之间递进的过程。林崇德[5]继承了皮亚杰的认知发展理论，阐释了儿童生理和心理的递进式发展对其感知和行为产生的影响，认为随着年龄增长，儿童的自我意识和自我实现需求也不断增强。童年社会学家科萨罗（Corsaro）[6]又从儿童集体的角度提出，儿童是积极的社会实践者，并在尝试理解成人文化的过程中，集体性地生产出属于他们自己的同辈世界与文化，而这种同辈文化又将影响到新一代的儿童。西方游戏理论认为，对于儿童来说，游戏与其情绪性、模仿性、易变性和幼稚性特征相吻合，儿童倾向于通过游戏与互动发泄过剩机能、获得快乐、发展个体主动性，并将其作为认识新的复杂客体和事件的方法。库灵福德（Cullingford）[7]等基于成人视角对儿童的旅游体验进行了研究。卡尔（Carr）[8]按照儿童在旅游过程中的活动自由程度、出游时间的长短、家庭生命周期和代际关系，将儿童旅游模式进行了细分。现有的关于儿童旅游的研究多从宏观角度分析问题，缺少从儿童视角出发的研究。

2.2 主题公园内旅游者行为研究进展

与传统的儿童乐园不同，主题公园更强调环境氛围的营造，一般采取通票制，是一个完整的、各部分相互关联的系统。1955年沃尔特·迪士尼（Walt Disney）将动画形象引入公园设计，实现与旅游者的双向互动，被公认为第一个具有现代概念的主题公园。之后，主题公园对区域经济发展和社区建设的意义日益凸显，部分西方学者开始了对于主题公园实证研究。穆蒂尼奥（Moutinho）[9]分析了影响主题公园旅游者的主要因素，并指出了朋友和家人在决策过程中起到的重要作用。米尔曼（Milman）[10]总结了主题公园对于本地居民闲暇活动的意义。盖斯勒（Geissler）[11]等人研究了主题公园旅游者的出游动机和满意程度。我国主题公园的发展建设几经波折，也引起了国内学者的关注。保继刚[12]认为，主题公园是一种人造的旅游资源，它着重于特别的构想，围绕一个或几个主题创造一系列有特别的环境和气氛的项目来吸引旅游者。董观志[13]提出了主题公园内旅游者流的基本概念。张立明[14]总结了国内海洋主题公园的空间特征和发展阶段。黄潇婷[15]结构化地描述大陆旅游者在香港海洋公园景区内的旅游时空行为模式。可以看出，国内外关于主题公园内旅游者行为的研究相对不足且主题较为分散。

总体而言，以家庭游客为主要客源群体的主题公园，与其他类型的旅游景区不同，从产品设计到建设和运营各个环节，家庭游客中的核心成员"儿童"都是需要主题公园供给方努力抓住的关键角色。更好地理解儿童的旅游动机、行为特征和因为年龄而受到的制约等要素，能够为策划设计和建设及运营主题公

图1 香港海洋公园的导览图

园产品提供科学研究的支持。相对于儿童之于主题公园的重要性，主题公园儿童旅游者行为的研究相对不足。本文尝试以香港海洋公园为案例地，探讨主题公园中的儿童旅游行为特征及影响要素。

3 案例研究

3.1 案例地概况

香港海洋公园位于香港岛南区，于1977年开幕，占地面积约17hm²，作为东南亚最大的游乐园和水族馆之一，是一座集海陆动物展览、机动游戏和大型表演于一体的主题公园，由香港政府全资拥有的非盈利机构管理，累计接待旅游者超过一亿人次，2012年11月被国际游乐园及景点协会博览会（IAAPA）评为"全球最佳主题公园"。园区由亚洲动物天地、梦幻水都、威威天地、热带雨林天地、动感天地、海洋天地、急流天地和冰极天地八大主题模块构成，分为山下海滨乐园和山上高峰乐园两大园区，园区间由缆车及海洋列车连通，是一座具有娱乐休闲、环保教育、亲子互动等多重价值的儿童乐园（图1）。

3.2 样本概况

研究团队于2014年7月6日~10日在香港海洋公园进行了为期5天的旅游者时空行为调研，发放调查问卷1177份，选取包含所需年龄分类信息且其他所需数据完整有效的样本，有效率为85%。

3.2.1 样本总体

在样本总体中筛选出年龄在"20岁以下"且学历为"高中""初中"及"初中以下"的部分，共计283份，作为儿童旅游的研究样本，另一部分作为成人旅游者对照样本组，有效样本量为651个，样本特征如表1所示。

由年龄来看，儿童旅游者样本中有效样本量随年龄递增，以青少年学生为主，这与儿童准确有效地记忆旅游活动信息并填写问卷的能力相

图片来源：香港海洋公园官方网站

表1 香港海洋公园儿童与非儿童旅游者样本情况

年龄分组		有效样本量	性别		常住地		
			女	男	香港	境内（除香港）	境外
儿童	初中以下	46	32	15	14	31	1
	初中	94	52	42	50	44	0
	高中	143	75	68	61	73	9
	小计	283	159	125	125	148	10
成年		651	403	248	73	515	63
总计		934	562	373	198	663	73

资料来源：部分来自Cagan H. Sekercioglu, 2002

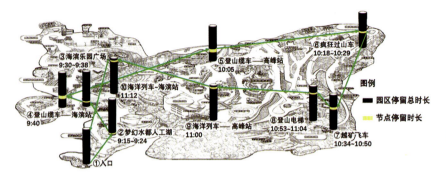

图2 香港海洋公园典型儿童行为路径　　　　　　　　图片来源：作者提供

均匀且都在10~15分钟左右，同时在交通设施上花费的时间较长，其中乘坐缆车耗时25分钟。

3.3 儿童旅游者行为偏好及影响因素

3.3.1 出游同伴选择

由于个人能力的限制以及在心理上陪伴、安全和分享的需求，同伴对于儿童旅游体验起着至关重要的作用。本文通过对问卷数据的整理，对不同年龄段儿童和非儿童旅游者出游同伴的选择情况进行梳理，并进行组内和组间对比（图3）。

初中以下的儿童自立能力和自我保护意识较弱、心智发育尚不成熟，更依赖于成年人的照顾和保护，因此这一阶段的儿童一般会选择和家人一起出游，而随着年龄的增长，儿童的个人独立水平提高，成人意识和自我实现需求得以发展，因此依赖于成年人的家庭旅游的频率出现回落，又在其成年后实现回归。儿童在个人能力不断发展的时候，其亲社会的需求和能力也开始提高，同辈成为继父母亲人之后的又一类重要交往对象，这一阶段的儿童更容易在同辈文化环境中找到共鸣，这种氛围也使儿童感到更加舒适和自由，因此在外在条件逐步满足的前提下，儿童开始倾向于选择自己的同学或同辈朋友当作自己新的出游同伴。此外，选择单独和随团出游的频率在各个阶段均较少，可见对于主题公园的特殊氛围，儿童更倾向于选择和自己熟悉的同伴一起游玩。

3.3.2 景点偏好

不同年龄段的儿童对刺激物的感知和理解能力不同，因此本文假

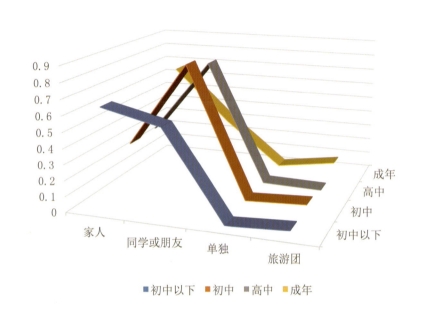

图3 香港海洋公园儿童与非儿童旅游者同伴选择情况　　　　　图片来源：作者提供

匹配。由性别来看，各个年龄层男女比例接近，女性略高于男性。从旅游者来源来看，儿童旅游者组中香港儿童占有很大比重，而成年旅游者则以外地旅游者为主，一方面符合海洋公园目标市场的定位，另一方面也符合大尺度旅游旅游者的行为规律。

3.2.2 典型儿童行为路径

将被访儿童旅游者填写的游览景点及停留时间进行整理，绘制行为路径图，柱体投影位置表示停留景点，柱体的高度表示游览园区的总时长，黄色部分的高度表示在该景点的停留时长。选取典型样本进行分析（以图2为例），易知游览园区总时长为4小时，其行为路径可表示为：入口—海滨乐园（山下园区）—缆车—高峰乐园（山上园区）—海洋列车—出口（同入口），景点选择以机动游戏为主，每个景点的时间分配比较

表2 香港海洋公园景点分类汇总表

类型	景点名称
表演类	海洋剧场、雀鸟剧场、威威剧场
动物观赏类	北极之旅、动物护理中心、鳄鱼潭、海马探知馆、海狮居、海洋哺乳中心、海洋奇观、金鱼宝殿、梦幻水都人工湖、南极奇观、热带雨林探险径、水母万花筒、四川奇珍馆、太平洋海岸、熊猫山庄、雪狐居、雨林求知地带、中华鲟馆、自然大揭秘
机动游戏类	砵砵火车头、超速旋风、冲天摇摆船、动感快车、翻天飞鹰、翻天覆地、飞天秋千、疯狂过山车、横冲直撞、滑浪飞船、环回水世界、幻彩旋转马、极地时速、雷霆节拍、摩天巨轮、热带激流、升空奇遇、太空摩天轮、娃娃跳、咸水笨猪跳、小丑旋风、越矿飞车
交通设施类	登山缆车、海洋列车、海洋摩天桥

资料来源：本文作者根据海洋公园景点属性划分整理

表3 香港海洋公园儿童与非儿童旅游者旅游动机统计表

		游戏娱乐	亲子体验	寻求刺激	学习知识	休闲放松	专业摄影	海洋文化	亲近动物
儿童	初中以下	0.622	0.133	0.289	0.166	0.259	0.022	0.200	0.156
	初中	0.729	0.021	0.271	0.064	0.453	0.042	0.167	0.192
	高中	0.688	0.050	0.206	0.078	0.460	0.021	0.099	0.156
成年		0.318	0.367	0.084	0.110	0.356	0.014	0.213	0.178

资料来源：本文作者根据统计分析结果整理

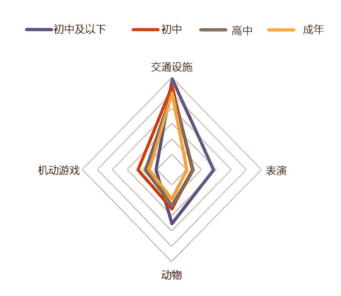

图4 香港海洋公园儿童行为偏好对比图　　图片来源：作者提供

设儿童对园区内景点的选择有不同的偏好，为了对不同年龄儿童选择偏好的特征有一个更清晰的认识，本文将园区内的景点分为表演类、动物观赏类、机动游戏类和交通设施类四种不同类型（表2）。

本文用一个年龄分层内的景点到访频率表示该年龄层的旅游行为偏好，对问卷数据进行整理，以年龄为依据对儿童的行为偏好进行分类统计，结果如图4所示。

对于四种类型的景点来说，交通设施到访率最高，这与香港海洋公园的地理分布有关，香港海洋公园分为山上和山下两大片区，中间需要通过缆车或列车进行连通。另外，从总体上来看，香港海洋公园中儿童旅游者的年龄越大，到访更多景点的概率越低。初中以下的儿童旅游者更愿意去尝试不同景点，其中对动物类和表演类的产品有明显的偏好，但对于机动游戏的到访率不高。初、高中阶段的儿童旅游者对于景点的选择相近，与表演有关的景点到访率较低。

3.3.3 影响因素

本文尝试将儿童在旅游过程的行为特征中从内外两个方面进行解释。内因主要包括儿童的生理特征和心理需求。生理特征是指儿童在不同成长阶段运动能力和思维能力的发育情况。初中以前的儿童抑制机能较弱，很难维持注意力的集中，更容易受到其他热点的吸引，同时身体快速发育，活动能力增强，可以较长时间保持精力充沛的状态，这成为这一阶段儿童在主题公园中表现得更为活跃的重要原因。心理需求则指儿童希望在旅游活动中得到的体验，主要包括游戏娱乐、亲子体验、寻求刺激、学习知识、休闲放松、专业摄影、海洋文化和亲近动物八个方面，计算公式如下：

$$k_{ij} = \frac{N_{ij}}{n_{ij}}$$

$i=1,2,3,4$，分别代表四个年龄段；

$j=1,2,3,4,5,6,7,8$，分别代表游戏娱乐、亲子体验、寻求刺激、学习知识、休闲放松、专业摄影、海洋文化和亲近动物八个旅游动机；

k——动机影响系数；

N——目标年龄段样本选择某一动机的频数；

n——代表该年龄段样本总数目。

统计数据见表3。

可以看出，与成年人不同，"游戏娱乐"是主题公园内儿童的首要需求。同时对于课业压力相对更加繁重的中学生来说，"休闲放松"成为其第二大游览动机，也使得他们更看重享受海洋公园里的气氛，而不是像看重"寻求刺激"的年纪更小的儿童一样热衷于排队参与游戏。另外，初中以下的儿童认为"学习知识"、了解"海洋文化"也是其旅游活动的重要原因，刚刚开始的学校生活也在很大程度上激起了儿童求知的欲望，使其比成年人更乐于对未知的事物展开探索。

影响儿童旅游行为活动的外部限制因素主要可以归纳为"不知道""找不到""时间有限""听说没意思""身体太累""没有开放"和"同伴不想去"，以及"某些场所设施对使用者的特殊要求"。由表4可知，"找不到"和"同伴不想去"成为儿童旅游者区别于成年人的特殊限

表4 香港海洋公园儿童与非儿童旅游者外部限制因素统计表

		不知道	找不到	时间有限	听说没意思	身体太累	没有开放	同伴不想去
儿童	初中以下	0.067	0.138	0.600	0.000	0.395	0.044	0.222
	初中	0.096	0.298	0.667	0.074	0.447	0.125	0.292
	高中	0.064	0.241	0.454	0.078	0.514	0.057	0.264
成年		0.104	0.113	0.612	0.039	0.472	0.025	0.133

资料来源：本文作者根据统计分析结果整理

表5 香港海洋公园设施使用限制

设施	限制	设施	限制
砰砰火车头	不得低于90cm	极速之旅	不得低于132cm
冲天摇摆船	不得低于122cm	摩天巨轮	不得低于122cm
翻天飞鹰	不得低于122cm	升空奇遇	不得低于90cm
飞天秋千	不得低于122cm	太空摩天轮	不得低于122cm
疯狂过山车	不得低于132cm	蛙蛙跳	不得低于90cm
海洋摩天塔	不得低于122cm	小丑旋风	不得大于12岁
滑浪飞船	不得低于122cm	越矿飞车	不得低于122cm
幻彩旋转马	不得低于107cm	小童机动游戏机	不得大于12岁

资料来源：本文作者根据香港海洋公园官网文件整理

制条件。"找不到"反映了儿童空间感知能力和出行经验的欠缺，可以看出，以家庭旅行为主的初中以下儿童发生迷路问题的概率相对较小。"同伴不想去"说明了儿童旅游者的决策行为会更加看重同伴的态度，这一方面反映了社交活动在旅游过程中的特殊意义，另一方面也可以看出儿童旅游者由于自身能力的限制会常常需要同伴的支持。

制约儿童旅游行为的另一关键因素是安全问题。儿童的自我保护意识和能力不足，存在安全隐患，不得不采取必要措施限制儿童参与存在风险的活动以保证其安全。以香港海洋公园为例，园区内许多设施以身高、体重或年龄为指标限制儿童活动（表5），这就导致了初中以下的儿童旅游者对机动游戏类景点到访率较低的现象。

4 思考与建议

4.1 针对不同年龄层儿童的产品调整

儿童旅游者的特殊性是旅游规

划设计工作中应该加以重视的问题，不同年龄段的儿童生理心理特征不同，需求和偏好也存在差异，旅游产品的设计和调整应尽可能考虑儿童的性格特点。比如，年龄小的儿童会对动物以及包含动物形象的设计存在特殊的亲近欲望，从而成为此类产品的主要目标市场，因此公园在设计产品时应当更多重视低龄儿童的接受能力、生理特征和安全问题；而许多青少年旅游者希望在游览过程中实现休闲放松的需求，园区可适当增加针对这一年龄段儿童的休闲场所和设施的比重。

4.2 针对不同儿童出游群体的产品设计

儿童在年龄较小时，家庭旅游是其主要的出游形式，而随着年龄增长，他们和同龄伙伴一起出行的频率增高，且其行为决策受同龄人影响相对较高，这就意味着公园一方面要考虑亲子旅游市场，另一方面要重视对"童伴"类旅游产品的设计开发。比如多人同玩可以领取礼品或免费拍照留念，一位儿童参与游戏时其等待的同伴可以获得饮料等，还可以设计适合不同年龄或兴趣儿童团体的产品组合。

4.3 针对儿童生理心理特点的基础设施优化

为了方便儿童及家长识别更适合儿童现年龄阶段的产品，必要时设施入口处可附注建议年龄标示，如绿色代表注明年龄区间内的儿童可独立使用设施，黄色代表注明年龄区间内的儿童可在监护人指导下使用。同时，园区内的指示标志应尽量醒目简洁，方便儿童辨认。另外，儿童游览时间很大一部分分配在交通设施上，公园可考虑优化排队管理、增加交通方式以及重视等待期间的服务设计以减少旅游者心理感知时间。

基金项目

国家自然科学基金项目（41301142）

致谢

特别感谢香港海洋公园允许项目组在园区内进行旅游者时空行为调查，以提供给每一位被调查者纪念品的形式给予本研究的资助，提供的公园规划建设、经营和管理等相关信息和数据等形式为本研究所做出的贡献。

参考文献

[1]金勇.儿童消费占家庭日常支出60%以上[N].中国妇女报,2013-7-30.

[2]2015年中国统计年鉴[EB/OL]. http://www.stats.gov.cn/tjsj/ndsj/2015/indexch.htm. 2015.

[3]卫计委："全面二孩"将致年新增人口400万[EB/OL]. http://tv.cntv.cn/video/VSET100/08542296399d4b70b75b3b9a091988d8. 2016-6-28.

[4]皮亚杰.发生认识论原理[M].北京：商务印书馆,2011.

[5]林崇德.发展心理学[M].北京：人民教育出版社,2009.

[6]威廉·A·科萨罗.童年社会学[M].合肥：安徽教育出版社,2014.

[7]Cullingford, C. Children's attitudes to holidays overseas[J]. Tourism Management, 1995, 16(2): 121–127.

[8]Carr, N. A comparison of adolescents' and parents' holiday motivations and desires[J]. Tourism and Hospitality Research, 2006, 6(2): 129–142.

[9]Moutinho L. Amusement park tourist behaviour–Scottish attitudes[J]. Tourism Management, 1998, 9(4), 291–300.

[10]Milman A. Evaluating the guest experience at theme parks: an empirical investigation of key attributes. International Journal of Tourism Research, 2009, 11(4): 373–387.

[11]Geissler G L, Rucks C T. The overall theme park experience: A visitor satisfaction tracking study[J]. Journal of Vacation Marketing, 2011, 17(2):127–138.

[12]保继刚.主题公园研究[M].北京：科学出版社. 2015.

[13]董观志,杨凤影.旅游景区游客满意度测评体系研究[J].旅游学刊,2005, 1:27-30.

[14]张立明.中国海洋主题公园的时空分析与影响因素[J].旅游学刊,2007, 4:67-72.

[15]张立明.中国海洋主题公园的时空分析与影响因素[J].旅游学刊,2007, 4:67-72.

儿童游乐设施对商务酒店自助餐厅顾客体验影响研究
The Influence of Children's Recreation Facility on Consumers' Dining Experience in Business Hotel Buffet Restaurant

文 / 王 凛 王 皓 郑 洁 万珊珊 司振宇

【摘 要】

随着生活水平的提高，人们对饮食的消费已经有了质的变化，不再只求温饱，而是追求个性化的优质服务。越来越多的家庭聚餐选择在环境优雅的商务酒店进行，以家庭为单位的就餐势必会有儿童的出现，然而儿童在许多就餐环境中都是充当"破坏者"的身份，让许多顾客备感苦恼，也让商务酒店的处境十分尴尬。本文通过运用观察法以及对高端商务酒店自助餐厅顾客的深入访谈，研究分析了儿童游乐设施对商务酒店自助餐厅顾客体验的影响因素，对今后商务酒店自助餐厅是否应该增设儿童游乐设施及应如何设置提供了借鉴意义。

【关键词】

顾客体验；家庭旅游；儿童游乐设施；商务酒店；自助餐厅

【作者简介】

王 凛 华侨城酒店物业事业部副总经理、华侨城国际酒店管理有限公司总经理
　　　　香港理工大学酒店及旅游业管理硕士生
王 皓 深圳威尼斯睿途酒店财务与业务支持总监，香港理工大学酒店及旅游业管理硕士生
郑 洁 华侨城国际酒店管理有限公司/深圳威尼斯睿途酒店人力资源总监
　　　　香港理工大学酒店及旅游业管理硕士生
万珊珊 湖北省万碧源生态农业科技有限公司公司法人，香港理工大学酒店及旅游业管理硕士生
司振宇 泉州万达文华酒店经理，香港理工大学酒店及旅游业管理硕士生

1 引言

1.1 "体验"成为顾客的一种追求

1970年美国未来学家阿尔文·托夫勒指出，人类经济发展的历史可分为三个阶段：产品经济时代、服务经济时代和体验经济时代。然而这在当时并未引起注意，直到1998年，约瑟夫·派恩（B.Joseph Pine II）和詹姆斯·吉尔摩（James H. Gilmore）在《哈佛商业评论》上发表文章《体验式经济时代来临》，指出体验经济将取代服务经济，这一观点才引起了业界的广泛重视。产品经济时代以产品生产为核心，服务经济将重心从产品转移到服务上，体验经济则以体验作为取胜的法宝。体验经济时代，人们不仅仅要满足"吃"的需求，还有"享受""体验"等多方面的需求，"体验"在社会经济生活的众多领域成为"商品"，而人们又愿意为"体验"付费，"体验"成为一种新的追求。在此条件下，生产者必须变换自己的角色，从消费者的角度出发，才能真正适应这种新经济发展的需要。在此背景下，许多企业如麦当劳、星巴克、微软、IBM、联想等开始重视顾客体验，积极实施体验式营销，这是社会发展的必然需要，也是体验经济到来的具体体现。

1.2 品质游、家庭游领衔出游关键词

现代社会中，家庭出游逐渐占据主流，出游家庭都期盼旅途"省心、休闲"。根据《中国日报网》统计的数据，在2015"春节黄金周"期间国内游的受访者中，超过八成为"家

图1 深圳威尼斯睿途酒店亲子体验活动　　林成艳/摄

庭式"游客。其中，同行人包括65岁以上长者或10岁以下儿童的家庭接近68%。这部分游客中，九成倾向于选择团队游，行程省心、性价比高是他们选择团队游的两大原因。

即使在周末，消费者们也愿意选择去酒店休闲，温馨的问候、舒适的环境、优质的服务，能让一直沉浸在快节奏工作中的消费者们的身心在周末都得到放松和愉悦（图1）。由于国家政策的改变，商务酒店的眼光不再只锁定高端商务顾客，纷纷开始关注本地市场，包括家庭市场。

表1为深圳威尼斯睿途酒店自助餐厅2015年2月的顾客数据。从表1可以看出，在酒店自助餐厅2015年2月就餐的顾客当中，优惠卡（华膳卡）、团购（美团网、大众点评网）所带来的顾客占了餐厅消费人群中的较高比例（79%），他们也有较高的消费比例（81%），此部分含有相当多的有儿童的家庭游客。

为给有儿童的家庭游客创造更多的体验，商务酒店自助餐厅内引入儿童游乐设施已经成为一种趋势。儿童可以随意玩耍，同时还能开拓智力，培养和开发创造能力，这使得有孩子的顾客心情变得更加愉悦，增加了顾客对酒店的好感，从而提高了高端商务酒店家庭游客量，成为商务酒店提升收益的有效措施。

2 文献回顾

2.1 顾客体验及自助餐厅

顾客体验是顾客和企业交流时感官刺激、信息和情感要点的集合。体验经济的重要特征之一就是参与性，以体验为本质的自助餐厅亦应具备这一特征。即在自助餐厅中，应为顾客创造各式各样的体验机会，让顾客从中体会到愉悦性与独特性，从而以此来吸引和刺激顾客进行消费。实践证明，具有参与性和互动性项目

表1 深圳威尼斯睿途酒店自助餐厅2015年2月数据

用餐时段	类别	人数（位）	收入（元）	备注
早餐	住店	385	51,712	
	外来	111	18,107	
	优惠卡	46	5,551	
午餐	住店	88	15,842	
	外来	153	31,845	
	团队	42	6,534	
	优惠卡	578	89,572	华膳卡
	美团	336	54,446	美团
	大众	293	42,284	大众
	微信	7	2,427	
	其他	155	22,985	
晚餐	住店	186	52,259	
	外来	493	114,246	
	团队	-	-	
	优惠卡	491	116,534	华膳卡
	美团	147	33,097	美团
	大众	205	43,756	大众
	微信	2	888	
	其他	388	86,991	
总计		4,106	789,076	
潜在家庭客		3,248	639,071	
占比 %		79%	81%	

的自助餐厅，不仅能让顾客获得一次深刻难忘的体验，更是通过顾客自身的参与使之获得心理上多层次需要的满足。因此，自助餐厅应从行动体验的角度为消费者进行体验主题和场景等策划，使顾客得到物质和精神的双重满足，并使这种满足感贯穿于消费前、消费中和消费后，使顾客感到物有所值甚至物超所值。另外要指出的是，在行为体验中，不仅要强调员工与顾客的互动，而且要善于调动顾客之间的互动，使顾客不再仅仅作为"被服务的对象"，而是成为整个体验过程的主角，实现多层次多角度的参与和体验（图2）。

2.2 儿童游乐设施研究

随着社会的发展，在商务空间交往频率的增加，一定程度上促使人们对商务酒店自助餐厅公共空间的关注度越来越高。基于对相关文献的阅读研究，可以发现，影响客户体验因素主要有感官、思维、行为、情感和相互体验五种，所以儿童游乐设施对顾客在商务酒店自助餐厅的体验所产生的影响是很深远的：

（1）从感官体验上，儿童游乐设施能够增加自助餐厅整体的视觉体验，自助餐厅的可选择性和展示性，对儿童消费者的直观感觉刺激很强，易于产生消费冲动，并形成效应市场。

（2）从情感体验上，儿童消费越来越成为餐饮及相关服务业的主导方向，并发展成为目标客户群。中国特殊的家庭政策使得孩子成为家庭的核心，是家庭消费的导向。

（3）从思考和行为体验上，儿童从环境中开发了游戏，又在游戏中

图2 深圳威尼斯睿途酒店儿童游乐设施　　　　　　郑洁/摄

一定程度上改变了环境，培养了他们的创造性。同时能够培养儿童的社会认知能力，并且有利于儿童健康心智、性格的形成，也会培养儿童对自然环境的尊重。

（4）从关联体验上，增加儿童游乐设施能提高客户对餐厅的满意度，从而形成对餐厅的整体好感，由此建立起对餐厅品牌的偏好和忠诚度。

总而言之，儿童游乐设施的增设，会让儿童在自助餐厅中消费的同时体验娱乐，会吸引孩子为主体的效应消费，从而提升自助餐厅的销售业绩。

图3 泰国普吉岛太阳之翼卡马拉海滩度假村儿童秀活动　　　　姜丽黎/摄

3 研究结果

本研究内容来自深圳威尼斯睿途酒店（已开业13年）、无锡万达喜来登酒店（已开业5年）、武汉汉口泛海喜来登酒店（开业1年）自助餐厅顾客的现场访谈。研究人员于2015年2月1日至3月29日期间通过此三家酒店餐厅经理随机预约选取了愿意被采访的25位顾客进行深度访谈。此外，研究人员还分别于上述三家酒店自助餐厅，选取周末和平日各做了8份观察记录。

由在8个平日和8个周末用餐时段获取的16份观察记录数据可知，在观察期内共有58名儿童进入酒店现有的儿童游乐设施内玩耍，儿童用餐人数占观察期间用餐总人数的17%，1名小孩一般是由2名家长陪同，家庭顾客的用餐人数占观察期间用餐总人数的51%。其中，逗留并使用儿童游乐设施最短5分钟，最长44分钟，平均21.74分钟，使用儿童游乐设施的儿童占用餐儿童总数的35%。也就是说，就目前观察的酒店自助餐厅的儿童游乐设施，其使用率是较高的。

在与25位顾客进行深度访谈后，通过对访谈录音的整理与归纳，发现商务酒店自助餐厅顾客体验的影响因素包括食品、服务、硬件设施、环境氛围、地理位置、附加值六个方面。从食品角度，顾客主要关注食品是否新鲜，味道和品种是否丰富，食品还需要符合卫生和品质的要求；从服务层面，顾客关注是否有标准化的管理，是否确保服务的一致性和服务人员是否有正确的态度，常客通常会要求服务人员的稳定性，不希望每次体验有不一样的服务人员；从硬件设备角度，顾客关注设施是否与酒店星级相匹配，且要求配备齐全；而对于环境氛围，顾客关注是否保持了商务酒店优雅、安静、整洁、有序的整体环境，地址位置是否交通便利，且周边是否配备购物、休闲、商业等设施；对于附加值，顾客关注酒店是否有推广活动，是否有儿童游乐场等附加设施（图3）。

经过对访谈材料的整理和归纳可知，增加儿童游乐设施对商务酒店自助餐厅顾客体验的影响及顾客的期望包括服务、硬件设施、环境氛围和附加值四个方面。被访问者表示增加儿童游乐设施后，顾客期望服务的重心落在小孩身上，所以顾客希望餐厅配置专职服务人员照顾、看管小孩，以确保小孩的安全，并且通过酒店的服务和管理，引导、培养小孩的安全意识；对于硬件设施方面，增加儿童游乐设施会是顾客选择商务酒店自助餐厅的重要条件；顾客认为有儿童游乐设施后，大人可以有一段"休闲"的时间，从关注、照顾孩子中解放出来，同时顾客对增加的儿童游乐设施的要求是要够档次、有独立的空间，设计要符合安全标准并使用安全的材质。从环境氛围角度，

图4 深圳华侨城洲际大酒店儿童游乐设施　　叶紫嫣/摄

图5 深圳威尼斯睿途酒店儿童能量课堂　　郑洁/摄

顾客的体验会受人流、噪声等影响，因而顾客希望儿童游乐设施设置在离座位区有一定距离且相对独立的区域，这样既能确保餐厅高雅、安静的氛围，又确保大人能随时看到小孩的情况。同时顾客希望增设的儿童游乐设施能够体现酒店或自助餐厅文化的差异性，并能增加顾客的情感体验；被访问者纷纷认为儿童游乐设施的增加会为商务酒店的自助餐厅提供附加值，配备儿童游乐设施的商务酒店自助餐厅会是他们家庭外出就餐的重要选择，期望一些儿童游乐设施可以给儿童带来附加的教育意义，顾客同时希望有儿童游乐设施的商务酒店自助餐厅在高峰期，可以适时调整经营策略和促销方式，以兼顾顾客体验和环境氛围的协调。

4 研究结论及建议

本研究所得出的结论有正反两面。首先，随着居民收入的提高以及消费理念的改变，更多的家庭会选择在环境优雅的商务酒店用餐；其次，来高星级酒店餐厅就餐的顾客对服务的要求也在逐步提高，除了对菜式、菜品以及就餐服务等方面的需求外，增加除用餐外的附加设施是大势所趋；第三，商务顾客对于用餐条件有较高要求，需要优雅、静谧、井然有序的就餐环境，将"破坏者"集中以避免打扰商务顾客是一种较好的折中办法；第四，访谈中顾客多次提及酒店餐厅能给儿童提供更多关于学习、兴趣爱好方面的附加服务是吸引他们今后多次就餐的重要因素之一。

然而，商务酒店增加儿童游乐

设施必然也会产生一些负面的影响。首先，儿童游乐设施多为家庭顾客配置，与商务酒店的形象相冲突；其次，虽然增加游乐设施会将小朋友相对集中，酒店也会尽可能将其对商务顾客的影响降到最低，但仍然会产生一定程度的噪声；再次，设置儿童游乐设施会存在一定的安全隐患；另外，增加儿童游乐设施并不适用于所有商务酒店，对于顾客群体相对集中、多为商务顾客的酒店、餐厅，以及并无多余面积增设游乐设施的酒店并不适用。

本文认为，儿童游乐区域的装饰、设计应符合儿童的心理需求，并根据时代潮流进行更新换代，新增时下最受欢迎的主题特色装饰。娱乐体验的种类要多种多样，如玩具设施类、电子设备类等，同时因体验的益智性多为家长接受，故应多增加儿童动手动脑的项目，如角色扮演、学习知识、学习技能等方面，并可将其延伸为系列课程，成为吸引再次就餐体验的方法。此外，酒店要设置专人对在设施内玩耍的儿童进行看护，相关人员要经过专业培训才能上岗，且所有游乐设施要选取环保、安全、卫生的材料，并定期对设施设备进行清洁及维护保养。

综上所述，增加儿童游乐设施对商务酒店的正面影响大于负面影响，因此尽可能控制好负面影响因素并扩大正面影响因素对商务酒店自助餐的经营有较好的促进作用。

5 儿童游乐设施在商务酒店中的实际运用案例

5.1 案例1：增设儿童游乐设施

深圳华侨城洲际大酒店在自助餐厅的一角巧用空间，搭建了一个小而精致的儿童游乐区域，内有小木马、迷你滑梯、迷你秋千等游乐设施，还有一些教育科普的儿童趣味书籍，不但能够强健儿童的身体，还能够培养儿童的社会认知能力，并有利于儿童健康心智、性格的形成，为儿童综合发展创造有利的环境（图4）。

5.2 案例2：增加儿童互动游乐项目

在一些特殊且有意义的节日（例如儿童节、圣诞节），深圳威尼斯睿途酒店增加了儿童趣味互动活动。工作人员戴上兔耳朵带领前来用餐的小朋友们一起做游戏，圣诞老人准备了富有酒店特色文化的小礼品赠送给小顾客们，让家长和小朋友一起在酒店度过一个欢乐且有意义的节日（图5、图6）。

5.3 案例3：周边区域搭建儿童游乐设施

深圳前海华侨城JW万豪酒店在自助餐厅一旁搭建起了一座供小朋友们玩耍的"开心城堡"（图7左

图6 深圳威尼斯睿途酒店圣诞推广活动　　　　林成艳/摄

上),让小朋友在用餐之余多了个欢乐安全的去处。选择在自助餐厅周边区域设置儿童游乐设施,避免了对其他顾客的影响,为商务顾客提供了舒适安静的用餐环境。

明亮的光线、宽敞的房间、时下最流行的卡通人物地垫,色彩缤纷的桌椅,各种手工、积木、七巧板玩具等,不仅培养了儿童的创造性,同时也能够培养儿童的社会认知能力,并且有利于儿童健康心智、性格的形成,也会培养儿童对自然环境的尊重(图7右上)。

超大的缤纷海洋球池,五颜六色的海洋球赋予了孩子们无限的创造力,让他们感受到了许多超出海洋球之外的活动魅力(图7左下)。小朋友们在玩耍过程中,不仅可以锻炼手部的抓、握、捧、抱、拨等能力,锻炼手部的灵活度和身体的协调性,还能够培养敏感的感官功能。

除了动态的海洋球池,酒店也为安静好学的宝宝们提供了寓教于乐的迪士尼卡通动漫影像,让小朋友们畅游在迪士尼王国,与米老鼠、白雪公主、唐老鸭等经典人物一起度过欢乐时光(图7右下)。

5.4 案例4:针对有儿童的家庭创造"亲子活动"

深圳威尼斯睿途酒店在父亲节及暑期为家庭客户在酒店户外泳池举办了"糖果也疯狂"亲子泳池趴,聚集深圳的高端亲子家庭,开启全方位的暑期乐趴嘉年华。小朋友们畅享在被"糖果"装扮的酒店户外泳池中,还有500只小黄鸭陪伴玩耍;位于泳池中央的舞台表演如奇幻魔术、小小维秘秀等轮番上演,除了表

图7 深圳前海华侨城JW万豪酒店儿童游乐设施　　　　图片来源:深圳前海华侨城JW万豪酒店提供

图8 深圳威尼斯睿途酒店亲子泳池趴　　　　林成艳/摄

演外现场的互动活动更为火爆:水上运动闯关全国尝鲜、英语外教现场游戏练习口语、韩国泡泡秀、五星级酒店大厨出品池畔美食、砸金蛋百分百中奖惊喜连连,还有高科技的3D打印机,现场打印出了各种吸引小朋友们眼球的物品,让儿童在玩乐的同时学习了解最新科技,具有很

强的益智性。此活动在给酒店创收的同时，收获了良好的口碑和市场反应（图8）。现今儿童消费越来越成为餐饮及相关服务业的主导方向，儿童游乐设施的增设以及其延伸出来的主题儿童亲子派对，能提高客户对餐厅的满意度，从而形成对酒店的整体好感，由此建立起对酒店品牌的偏好和忠诚度，实践证明这些举措对顾客体验有着良性的影响。

参考文献

[1]（美）施密特.体验营销——如何增强公司及品牌的亲和力[M].刘银娜，高靖，梁丽娟译.北京：清华大学出版社，2004.

[2] 余世仁.体验营销的特点与策略[J].重庆广播电视大学学报，2005，17(3).

[3] 李彦亮.现代企业营销的新理念——体验营销[J].金融与经济，2005，11.

[4] 王洪阁.公共环境中的儿童游乐设施设计研究[D].天津大学，2008，1.

[5] 张青.儿童游乐设施的无形化设计——以自然要素为主的儿童游乐设施设计[D].东华大学，2010，1.

[6] 段维维.商业步行街儿童游戏空间设计初探[J].大众文艺，2010，9.

[7] 全希希，李展海.五星级酒店自助餐厅设计[J].饭店现代化，2011，8.

[8] 李凡.主题餐厅的顾客体验价值研究[D].浙江大学，2006，4.

[9] Pine II, B. J. & James, H. G. Welcome to the Experience Economy[J]. Harvard Business Review, 1998, 7: 97–105.

广东增城福安农场亲子游

儿童游憩空间设计
Designing Recreation Space with/for the Children

李 卓　杨程波　　基于"自然主义教育"理念的生态儿童乐园设计模式研究

李方悦　刘可　唐海培　俞佳　王晶　从《交往与空间》谈儿童户外友好游憩空间设计
　　　　　　　　　　　——以洛嘉儿童乐园设计方案为例

唐子颖　　与儿童互动的景观设计

基于"自然主义教育"理念的生态儿童乐园设计模式研究
Designing Ecological Park for Children: the Application of the Naturalistic Education Theory

文 / 李 卓 杨程波

【摘 要】

"自然主义教育"是现代教育理论的重要资源,对儿童乐园的形成和发展产生了深远影响。本文通过文献回顾、实证研究、对比分析,探讨了"麦当劳式"游乐园、室内主题游乐园、户外主题游乐园、自然生态儿童乐园等不同类型游乐园的设计模式。本文以浙江义乌马畈儿童奇幻乐园为例,指出儿童游乐园的设计应该遵循"自然主义教育"理念,生态儿童乐园在未来将会成为主流发展方向。

【关键词】

自然主义教育;儿童主题乐园;自然;生态;可持续性

【作者简介】

李 卓 上海陆道工程设计管理股份有限公司设计副总监
杨程波 义乌玄果旅游开发有限公司玄果儿童乐园创始人

1 引言

据国家统计局2014年的数据，我国0~14岁人口2.26亿，占总人口比例的16.5%[1]。经济快速发展推动消费升级与产业升级，我国每年儿童产业总规模已超1万亿元[2]。各类儿童游乐园成为投资热点，2014年我国儿童乐园数量约4500家[3]，预计2020年有64个大型主题公园建成运营，新建数量赶超美国、日本[4]。

我国儿童乐园建设起步较晚，经20多年创新发展已取得长足进步，但也不可避免地出现了一些问题。问题主要表现为同质化竞争、品质良莠不齐、难以满足儿童多元需求等。而且，许多游乐园受商业利益驱动，只注重以娱乐方式盈利，未必符合现代儿童教育理念。在尊重儿童天性、培养全面素质、切合儿童成长规律方面多有欠缺，这些弊端已成为社会问题。本文以"自然教育"理论为基础，分析该理论对各类儿童游乐园设计的影响，并以义乌马畈儿童奇幻乐园为例，探讨自然生态儿童乐园的设计模式。

2 "自然教育"理念与儿童游戏空间

2.1 自然主义教育

自然主义教育理论发端于古希腊，由捷克教育家夸美纽斯奠基、法国思想家卢梭集大成，历经裴斯泰洛齐、福禄贝尔、蒙台梭利、杜威发展完善，依然影响着当今的儿童教育观。"现代教育"的概念直接与卢梭"自然人"（natural man）理论相关[5]，他呼唤"归于自然"（Back to Nature）（1775年）："大自然希望儿童在成人以前就要象儿童的样子。"他反对传统教育压抑儿童天性的痼疾，如重灌输说教、被动接受知识、严苛的纪律；认为教育要遵循从自然、到人、再到事物的认识过程[6]。

卢梭的思想为后世教育家所继承，裴斯泰洛齐（1800年）提出"教育心理化"观点，探索了实物教学的科学教学法。福禄贝尔（1826年）秉持认识自然、人性和上帝的统一，重视家庭生活对儿童教育的意义。蒙台梭利（1907年）倡导为儿童量身定做专属环境，以激发儿童"生命力的自发性冲动"。20世纪现代教育重要代表人物杜威拓展出"儿童中心论"："儿童成了太阳，教育的一切围绕他们转动"；提倡"教育即生活"，让儿童通过"从做中学"获得经验，成为社会的有用之才。

从卢梭的"自然人"到杜威的"儿童中心论"，自然主义儿童教育理论确立了教育尊重儿童天性、重视自主游戏和家庭的作用、追求自由成长的理论体系，构成了现代儿童教育理论的重要资源[7]，并对与儿童教育相关的教学、游戏、运动、旅游等方面产生了深远影响。

2.2 自然主义教育理念在早期儿童游戏空间的实践

早在1837年，福禄贝尔受卢梭影响，在德国建造了世界上第一座幼儿园。幼儿园无围墙、无操场，以非结构化游戏（自然材料、松散部件）及直接教学为特色[8]，孩子们可以探索洞穴、溪流、爬树、登山（图1）。课程有手工、运动、自由游戏、自然研究、唱歌表演等。

图1 福禄贝尔建造的第一座幼儿园
图片来源：http://www.froebelweb.org/

杜威在1896年建立了一所实验中学，以实践自己的教学理念。室内、室外的各类教学材料如锤子、钉子、工作台、砂箱、货车、三轮车等，都是为了让孩子们"从做中学"。尤其重视户外体验——游戏、运动、种植和其他形式的自由活动（图2）。

3 自然主义教育理念在各类儿童游乐园设计中的不同体现

3.1 从冒险乐园到"麦当劳"/"KFC"模式

经历了两次世界大战的停滞，1943年哥本哈根开设了第一家冒险游乐设施。设计师索伦森教授认为："出于环境需要，冒险式游戏场地可激发孩子们创作、造型、做梦和想象。"[9]这种做法很快被英、美效法，开启了20世纪50年代~70年代的"新奇游乐场"（Novelty Playgrounds）时代。美国成立了国家娱乐协会（National Recreation Association, 1962），这一时期儿童乐园设计理论发展到一个高峰，游戏空间利用环境地理特征，但并非简单模仿自然，而是由具有无限变化的形状、创意器材组成。世界上第一家迪士尼乐园就是在该时期诞生的(1955年)。

然而从20世纪70年代开始，对安全和责任的过分关注阻碍了游戏场创新。大量"标准化游戏场"（Standardized Playgrounds）兴起，被专家形象地讽刺为"麦当劳模式"或"KFC模式"。苏珊·所罗门（Susan G. Solomon）指出，美国20世纪70年代的儿童游戏场受错误导向的指引："麦当劳的游戏场没有对公共领域作出任何贡献：父母在吃、小孩在玩。"这种完全安全的环境"缺乏有意义的游戏应有的最重要元素，包括变化、复杂、挑战、冒险和适应"[10]（图3）。

"KFC模式"（成套器材Kit、围栏Fence、铺地Carpet）有同样的弊端：户外混凝土或塑胶场地被围栏围着，隔离开城市的危险，也隔离了小狗。场地缺少遮阳、避雨、植栽，喝水或如厕不便[11]，很难对孩子产生持久吸引力。

这种标准化设计的游乐园，以游乐设施为主体，以安全无虞为限制，迫使"儿童—游乐园"的关系变成"消费者—商品玩具"的关系，不仅违背儿童心理学、行为学，更使儿童陷入过度的城市化、商业化。揆诸"麦当劳"/"KFC"模式儿童游乐园的特征（表1），可发现当下国内许多儿童游乐园恰属于此类低端模式，自然主义教育理念在此基本付之阙如。

3.2 自然教育与游乐园设计新思路

20世纪90年代后期，游乐园呈现前所未有的扩张性和多样性。

图2 杜威芝加哥实验中学　　图片来源：http://www.delanceyplace.com/view_sresults.php

图3 "麦当劳"模式儿童乐园
图片来源：http://blog.sina.com.cn/s/blog_63969a670102dsd7.html

人们已认识到，无论多么美妙的游戏器械，放在儿童环境中都仅仅是组成要素。而且，科技带来了新的问题：孩子们正在从户外消失，甚至从现实消失——长时间沉溺在网络、电子产品的虚拟情境中。如何激励儿童内在兴趣、释放天性成为设计师们的重要课题。以下为一些国外游乐园设计的新思路，非常契合自然主义教育理念。

3.2.1 全面发掘游戏空间的能力

乔·弗罗斯特（Joe Frost）认

表1 "麦当劳"/"KFC"模式儿童游乐园

游乐园模式	特征分析
选址：结合快餐店、商业或社区中心	发挥商业、社区中心人气聚合优势
空间：占地有限，室内或室外附属场地	中小型规模，场地一般未经设计师定制设计
环境：人工环境为主	与自然隔离，环境封闭，过度中心化，缺乏真正意义的户外、阳光运动
设备：成套设备	厂商提供现成的机械化商品，产品复制；规定性器材，线路重复、刻板，活动受限制
活动设计：主题固定	被动式玩耍，缺少挑战、变化；伙伴互动不足，家长难参与；特色不鲜明、千篇一律
材料：人工材料为主，缺乏自然材料	主要是混凝土、钢材、塑料、合成材料，植物、水体、土壤等自然元素匮乏
运营：投资相对少，维护成本低	受法规限制，过分重视安全、消防等；功能化、标准化、常规化运营

图4 美国园艺协会"全国儿童与青年园艺研讨会"
图片来源：http://ahs.org/gardening-programs/youth-gardening/ncygs/2016-ncygs/overview

为良好的游戏空间具有流动性、变化性，游戏空间包括自然特征（动植物、泥土、丘陵、溪流）、各种材料（工具、器械、建材）、新兴科技（新能源、网络、电子、数字产品）等。设计者应结合儿童认知、身体发育的最新研究成果，设计出集游戏、健康、学习为一体的游乐园[12]。

3.2.2 多方参与设计，注重公益性

景观设计师苏珊·戈尔茨曼（Susan Goltsman）1992年提出"可参与性游戏场地"（paticipatory playground）的概念[13]，在设计之初，就让儿童、家长、社区、公益机构、学校、产品公司等参加进来。有的项目出于公益目的，还要专门考量特殊儿童（如残障儿童、自闭儿童）的需要。美国园艺协会定期主办"全国儿童与青年园艺研讨会"（图4），1993年在总部建造了12个儿童花园，由小学生和专业景观设计师共同设计，以鼓励教师、家长和青年人在学校、社区建立更多的花园[14]。

3.2.3 企业投资

为扩大品牌知名度，众多玩具生产、游戏制造企业纷纷建造主题公园。如芬兰愤怒的小鸟主题公园、纽约任天堂游乐场、乐高主题公园。这类乐园以各类品牌衍生产品营造现实与虚拟交融的游乐空间，人们可通过角色扮演获得无穷乐趣。乐高公园的组装式、可变换的大型玩具为孩子们提供了自发游戏、体验学习的机会（图5）。

3.2.4 Play England的10个设计原则

各国政府越来越重视儿童活动环境，并在法律、资金及政策上给予支持。2008年英国两个政府部门——儿童学校和家庭部（DCSF）与文化媒体和运动部（DCMS）联合推出Play England计划，制定了一部《游戏设计：营造成功游戏空间的指南》，旨在"创造鼓舞人心的儿童游戏空间"[15]。《指南》明确了10个设计原则：①定制式设计，②好的选址，③运用自然元素，④提供多样游戏体验，⑤无障碍设施，⑥满足社区

图5 马来西亚乐高公园
图片来源：http://you.big5.ctrip.com/travels/johorbahru1377/1789503.html

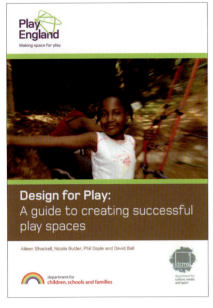

图6 《游戏设计：营造成功游戏空间的指南》
图片来源：http://playengland.org.uk/media/70684/design-for-play.pdf

需要，⑦适宜各年龄组儿童，⑧冒险和挑战性，⑨可持续性及利于维护，⑩允许变化及改进。《指南》是非法规性的，却可帮助设计者获得连贯的概念和清晰的方案（图6）。

3.2.5 自然森林儿童公园备受推崇

北欧有热爱大自然的悠久传统。1955年丹麦建立了第一家森林幼儿园，这种自然朴素的儿童空间在欧洲蔓延。到2012年，德国有超过1000家森林幼儿园[16]，主要针对3~6岁儿童，活动几乎都在户外举行，孩子们在原生态环境中玩耍和学习。其独特之处是发掘"可玩的玩具"，那种老式的、能在自然中找到的玩具（图7）。

3.3 整合丰富资源的室内主题游乐园设计模式

儿童乐园经历了曲折的演进过程，发达国家一路走来的经验和教训对我国有借鉴意义。近年来主流商业地产将儿童主题纳入主力业态，室内乐园几乎成为购物中心标配，成为继影院、快时尚之后的投资增长点，诸多知名开发商均有涉足。这类乐园往往整合了丰富的资源以吸引人气，某知名开发商对旗下乐园的定位是"一座城市的儿童精品生活中心，一年365天，天天像过节"。投资者侧重于"娱乐"，浪漫的气氛、炫酷的设备、刺激性体验成为浓墨重彩。为避免过度人工化，往往植入小型有机农场、蝴蝶昆虫馆等。但这种展示性、观赏性、有限参与的自然生态教育，对孩子们的认知提升难免有局限（表2）。

3.4 灵活多元的户外儿童主题乐园设计模式

相较于室内主题乐园，户外儿童主题乐园发挥余地更广阔。自然主义教育理念通过景观、建筑、设施的有机统筹，构建出令人愉悦的外部环境，避免孩子们沦为温室儿童。户外乐园在亲子互动、冒险探索方面有得天独厚的优势。但受制于季候性，有些项目有时效性，无法全年使用。另外，户外乐园有相当一部分是模拟自然，叠山理水、景观植物依然带有较多人工痕迹（表3）。

4 自然生态儿童乐园设计模式——以义乌马畈儿童奇幻乐园为例

由前述可知，欧美儿童游乐园在缘起时即带有自然主义基因，我国儿童乐园在发展过程中则受到娱乐、商业影响。近年我国也出现了"自然生态儿童乐园"，但它们不同于国外，一般源自农业园区转型升级。浙江省义乌市马畈儿童奇幻乐园，就是这一类型儿童乐园的代表。

4.1 乐园概况——第一家乡村亲子文创社区

马畈儿童奇幻乐园始建于2013年，2015年5月1日正式开业，当年接待游客30万人。相比世界级主题乐园的迪士尼、区域级主题乐园的欢乐谷，马畈儿童乐园精准定位为地区级专项主题公园。市场客源来自辐射半径100km、车程2小时内、人口约600万的周边地区。适宜家庭周末游，可满足金华和绍兴地区家庭1~3天的亲子活动，孩子年龄段主要为2~16岁。静态投资额在3000万以内。

整个儿童乐园占地300亩，分六大主题功能区：薰衣花海、植物迷宫、水上游乐、无动力游乐中心、动物牧场和综合服务中心（图8、图9）。2016年底，陆续开放亲子露营、田园小火车、创意温室、亲子民宿、乡村儿童美术馆等，初步形成以马畈儿童乐园为核心的国内第一家乡村亲子文创社区。该乐园从场地设施、商业配套到活动组织，均遵循"自然主义教育"理念，力图以自然的游戏、自由的教育营建关爱儿童健康、利于儿童成长的环境。

4.2 马畈儿童奇幻乐园设计特点
4.2.1 田园生态自然环境优先

不同于传统农业观光生态园，马畈儿童奇幻乐园在尊重儿童、人性关怀的基础上，创造既有乡野农田花海风光、又符合现代园林生态规则的乐园。以现有自然农田、溪流和

图7 德国魔法森林幼儿园　　图片来源: https://en.wikipedia.org/wiki/Forest_kindergarten

表2 室内儿童主题乐园设计模式

游乐园模式	特征分析
选址：城市中心或副中心商业区	依托于城市购物中心、展馆等商业建筑，服务于周边社区
空间：全封闭室内建筑	占地500-3000m²，往往位于商业建筑3-4层
环境：人工环境为主，少量模拟自然	与自然隔离，高度集约化，缺乏真正意义的户外、阳光运动，小型农场、昆虫馆等多为展示性质
设备：大型机械、高科技设备	动力成套设施，同质化程度高、游乐性强、追求新奇、感官刺激、引发尖叫，人与机器互动多
活动设计：可分多个室内主题体验馆	益智园、电玩城、翻斗乐、魔幻屋、职业体验、科幻宫殿、动感影院、动漫天地等，亲子互动多为久坐式静态项目或空间受限的轻活动
材料：人工材料为主，少量自然材料	混凝土、金属、声光电、高科技、炫酷气氛
运营维护：全天候运营、维护成本高	设备可变性差、折旧率高，空调、消防、安全等日常维护成本高；一次性投资高，回报期长

表3 户外儿童主题乐园设计模式

游乐园模式	特征分析
选址：城郊开阔地段	位于城市边缘，交通可达性很重要
空间：开放式或局部半开放	占地规模大，游乐空间与自然空间相辅相成
环境：人工与自然环境有机交融	既集约又开放，儿童可获得真正的户外体验
设备：大型机械、高科技设备	类型多样、特色鲜明；大多游乐性强、追求新奇、刺激；造价高昂，设备不易改进、换代
活动设计：多游乐区，服从总体定位主题	卡通城堡、丛林探险、激流勇进、动感天地、阳光海岸、赛车场、极限运动等，适宜亲子互动、伙伴交往、探索冒险
材料：自然、人工、高科技材料	除了常规人工和高科技材料，木材、石材等天然材料也被广泛运用
运营维护：季候性强	受季节天气影响；水体、动力设施能耗大，维护内容多、相对复杂；需注意安全隐患；投资高昂，回报期长

村庄为基底，拒绝对土地肌理进行大规模人为改动，保留、优化原有山丘、沟渠、堰坝和植被。花草树木的养护拒绝使用除草剂等农药，而采取人工除草措施，真正做到生态无公害。

4.2.2 倡导无动力游艺设施

高科技机械设备在儿童乐园中被广泛使用，马畈乐园却相反，采用大量无动力设施。无动力设施中心全部以自然材料搭建，如附近山林的树干树皮、村庄废弃的古砖、溪流里的鹅卵石。乐园植物迷宫占地6000m²，通过不同的关卡设置两个难度等级的迷宫，适合3~6岁、6~12岁两个年龄组的儿童。迷宫篱墙选用法国东樱，铺地采用鹅卵石、泥土和碎石。迷宫中心位置为原木城堡。园区还有人力脚踏自行车、游船等，均不用电力驱动。整个园区内，除了必需的安全设施和地下基础设施使用机械设备之外，地上游乐项目和休闲设施均采用无动力方式。

4.2.3 自然教育活动丰富多彩

美国儿童教育家理德·洛夫在《林间最后的小孩——拯救自然缺失症儿童》[17]中提出，自然教育也许是小孩最好的教育方式。孩子从出生开始，就应到自然环境中感受冷暖变换的真实状态。马畈乐园会定期邀请同济大学设计创意学院、浙江自然博物馆和专业机构的老师，为学生开展丰富多彩的自然教育课堂活动，如认识田野、观鸟、赏花、爬山、户外生存等。乐园还发起了"一平方米的自然"活动，孩子们在一平方米画布上，涂画自己喜爱的梦幻色彩，认知自然、品位艺术、感悟心灵。

4.2.4 创造良好的亲子陪伴关系

为营造舒适的亲子陪伴空间，园区的绝大多数活动，父母、孩子都可同时参与。比如大人和孩子一起找寻迷宫出入口，直到胜利到达迷宫中心木屋；无动力设施的闯关项目需要大人与孩子合力协助，才能共同通过；在牧场或果林，一家人饲养动物、协作采摘、共品有机瓜果；观赏花海风景时，长廊、凉亭、稻草船是大人和孩子尽情玩耍的绝佳场所。

4.2.5 激发儿童艺术创造力

每个孩子都有独特的天分和艺术创造力，在二期项目规划中，乐园增设了乡村儿童艺术馆，包括展览中心、积木玩具馆、儿童绘本馆和室内小剧场。每两个月会有各类艺术家举办儿童艺术题材的展览和讲座，儿童自己的绘画、手工、陶艺和装置作品可被永久收藏。

4.2.6 无微不至的亲子民宿

亲子旅游常见的出游结构是"三口之家"或"五口之家"，在住宿需求方面不同于一般商务游或度假游。如客房户型需要特别设计，而绝非采用给传统标间加小床的权宜方式。亲子客房配置了最新的各式积木玩具、绘本、海洋球池及吊床等儿童设施，卫生间区域配备母婴设施。亲子餐厅根据人体工程学为儿童提供专用餐具、餐椅和营养菜肴。旅游车设计也注意旅行生活的细节。

4.3 自然生态儿童乐园设计模式

马畈儿童奇幻乐园在山水形胜间，营造了一处适宜亲子互动、伙伴交往、冒险探索、自主操作，充分激发孩子创造力、想象力的奇幻乐园。

图8 义乌马畈儿童奇幻乐园航拍图　　图片来源：义乌玄果旅游开发有限公司提供

图9 义乌马畈儿童奇幻乐园规划分区图　　图片来源：义乌玄果旅游开发有限公司提供

自然主义教育理念在本乐园得以全面展现。这一项目是对自然生态儿童乐园设计模式的实践探讨，推动了国内相关课题的研究进展（表4）。

5 自然生态儿童乐园设计模式探索意义

自然生态儿童乐园在国内处于探索期，成熟的同类产品尚属鲜见。马畈儿童奇幻乐园的意义在于其范本价值。

（1）设计模式创新带来产品创新。用"自然教育"理论指导园区设计，对以常规游乐园类型为主的市场而言，自然生态儿童乐园对其形成补充和拓展。

（2）整合区域资源，集儿童游

表4 自然生态儿童主题乐园设计模式

游乐园模式	特征分析
选址：乡村、城郊	位于乡村或环城休闲带，交通可达性很重要
空间：全开放式，亲山近水	占地规模大，因地制宜规划农田、森林与河流；空间使用功能有弹性
环境：自然环境为主，少量人工设施	自然风貌，山水形胜；缓解城市化、商业化、机械化弊端，适宜亲子互动、伙伴交往、冒险探索、动手操作、从做中学
设备：无动力设备、天然玩具	类型多样、特色鲜明、参与性和体验性强，激发孩子创造力；想象力。设施为改进型，易换代
活动设计：可分多个户外主题体验区	浪漫花海、植物迷宫、水上游乐、无动力乐园、动物牧场、阳光运动、花果餐厅、采摘烧烤、野营探险、DIY体验、陶艺绘本等主题
材料：丰富多样的自然材料	较少使用混凝土，使用钢材、木材、毛石、卵石、泥土等天然材料，以及废弃物及绿色环保材料
运营维护：相对成本较低	按季候要求局部重点维护，大片自然植被水体区域只需常规养护；滚动开发，持续性稳定回报

乐、生态休闲、美丽乡村建设为一体，投资者与政府合力打造旅游产业集群。

（3）据李稻葵预计，放开二胎政策后每年新增婴儿200~300万，每个家庭多生一个孩子带来的消费增长会是第一个孩子的1.5~2倍[18]。自然生态儿童乐园对未来儿童消费行为可起到引导作用。

柏拉图说："一个人初始教育的方向将决定他的未来。""自然主义教育"是现代教育理论的重要资源，对儿童乐园的形成和发展有着深远影响。本文通过文献回顾、实证研究、对比分析，探讨了"麦当劳式"游乐园、室内主题游乐园、户外主题游乐园、自然生态儿童乐园等不同类型游乐园的设计模式；并以义乌马畈儿童奇幻乐园为例，指出儿童游乐园的设计应该符合"自然主义教育"理念，以顺应儿童天性、促进儿童健康成长为宗旨。风物长宜放眼量，自然生态儿童乐园在未来将成为重要的发展方向。

参考文献

[1] 国家统计局. 人口普查 0~14 岁人口占总人口比重（%）[OL]. 2015

[2] 百度百科. 中国儿童产业研究中心[OL]. 2009.

[3] 智研咨询集团, 2015~2020 年中国儿童乐园产业专项研究及前景预测报告[OL] 2015: http://www.chyxx.com/research/201506/324093.html.

[4] 凤凰旅游. 中国主题公园入园人气指数前 20 排行榜[OL]. 2014.

[5] Oelkers, J., Rousseau and the image of 'modern education'[J]. Journal of Curriculum Studies, 2002, 34: 6: 679-698.

[6] （法）让-雅克·卢梭. 爱弥儿：论教育[M]. 成墨初, 李彦方译. 武汉: 武汉大学出版社, 2014.

[7] Platz, D., Time tested early childhood theories and practices[J]. Education, 2011. Vol. 132(No. 1): 54-63.

[8] Frost J, S. D., Jacobs P J., Multiple perspectives on play in early childhood education. Physical Environments and Children's Play[J]. 1998: 255-294.

[9] Potter, D., Risk and Safety in Play: The Law and Practice for Adventure Playgrounds[M]. 2003: Taylor & Francis.

[10] G. Solomon, S., 1966—2006 年美国儿童游戏场的变化[J]. 中国园林, 2007, 10: 15-18.

[11] Woolley, H., Where do the children play? How policies can influence practice[J]. Municipal Engineer, 2007. 160（2）: 89-95.

[12] Frost, J. Evolution of American Playgrounds[C]. 2012, http://www.scholarpedia.org/article/Evolution_of_American_Playgrounds.

[13] 张谊. 国外城市儿童户外公共活动空间需求研究述评[J]. 国际城市规划, 2011, 26(4): 47-55.

[14] Heffernan, M., The children's garden project at river farm[J]. Journal of Paediatrics & Child Health, 2011, 47(1-2): 772-780.

[15] Aileen Shackell, N. B., Phil Doyle & David Ball, Design for Play: A Guide to Creating Successful Play Spaces[M]. 2008: The Department for Children, Schools and Families (DCSF) and the Department for Culture, Media and Sport (DCMS). 13.

[16] Wikipedia. Forest Kindergarten[OL]. 2015.

[17] （美）理查德·洛夫. 林间最后的小孩——拯救自然缺失症儿童[J]. 中国发展观察, 2014, 9.

[18] 李稻葵. "二孩"政策将拉动明年中国 GDP 增长 0.2%[OL]. 2015.

从《交往与空间》谈儿童户外友好游憩空间设计——以洛嘉儿童乐园设计方案为例
Children Friendly Leisure Space Design from "Life Between Buildings": Experience from Lodgia's Wonderland

文 / 李方悦　刘　可　唐海培　俞　佳　王　晶

【摘　要】

扬·盖尔（Jan Gehl）所著《交往与空间》一书的英文原文是"Life Between Buildings"。从题目上，我们即可窥见作者对于生活的重视。《交往与空间》一书专注于日常生活和我们身边的各种室外空间，主要论述日常社会生活及对人造环境的特殊要求，分析了吸引人们到公共空间中散步、小憩、驻足、游戏，从而促成人们的社会交往的方法。本文从这些独到的见解为依托，结合洛嘉儿童主题乐园设计，以构建儿童友好城市的愿景出发，从实处入手，系统性地分析了营造真正适用于儿童户外交往友好空间的要素。

【关键词】

儿童友好设计；儿童户外空间；游憩与交往

【作者简介】

李方悦　深圳奥雅园林设计有限公司董事总经理，洛嘉儿童主题乐园创始人
刘　可　深圳奥雅园林设计有限公司品牌传媒中心全媒体编辑
唐海培　深圳奥雅园林设计有限公司品牌传媒中心部门经理
俞　佳　深圳奥雅园林设计有限公司洛嘉团队项目经理
王　晶　深圳奥雅园林设计有限公司新文旅团队项目经理

注：本文图片均由作者提供。

1 中国儿童户外空间概述

改革开放近40年以来，中国的城市化进程摧毁了大量适宜休闲和游憩的空间，代之以高楼和大道。随着中国人口老龄化程度加深和二胎政策的全面实施，每年新增的人口近2千万，预计到2020年中国的总人口数将会远超14亿。无论是作为父母还是城市的一员，我们注意到现代儿童把越来越多的时间花在室内和电子游戏机旁，而缺少户外的活动和课外的人际交往，儿童心理和儿童发展存在诸多问题。在中国，很多城市把建造儿童友好空间与儿童公园、游乐园等同，在人造的设施中体验刺激和快乐。最著名的是迪士尼乐园、欢乐谷。这种集中的和快餐式的儿童娱乐文化剥夺了儿童对自然的兴趣和发现自然、获得快乐的机会。真正的儿童友好城市空间，不是要建设一个儿童主导的街区或者城市，而是通过一定措施，提升原有街区或城市的儿童友好程度。国际上很多城市正在这些方面做出努力，寄望于通过儿童友好城市空间建设，达到"儿童友好城市"标准，实现城市自身的可持续发展。

哈佛大学的加德纳（Gardner）教授指出，运动技能、空间感和创造力是儿童教育中最为重要的几个方面，而户外环境为培养这些能力提供了最佳条件。适度的户外活动能使大多数人的健康受益，也是儿童健康成长的最有利的途径之一。"儿童友好城市"理念在1996年联合国第二次人居环境会议决议中首次被提出，尴尬的是尽管全球已有400多个城市获得了"儿童友好城市"的权威认证，而中国内地迄今为止尚无一城获此荣誉。国内大多数城市甚至没有专门给儿童的公共空间。在规划时，没有把我们的孩子作为一个主要的，至少是重要的使用者给予考虑。缺乏开敞安全的活动环境，孩子们被暴露在城市环境的交通、污染中，加上社会关系弱化和学业的压力，儿童无法通过开放的绿地满足日常活动及放松的需要，这导致了少年儿童产生生理疾病、社交障碍以及其他心理健康问题。我们必须认识到，开放空间仍是儿童健康发展的先决条件。

2 户外公共空间中儿童行为的活动类型

按照扬·盖尔的划分，公共空间中的户外活动可以分为必要性活动、自发性活动和社会性活动[1]，这三种活动是融会交织地发生的。我们将儿童户外公共空间中的活动也相应地划分为这三种类型。

2.1 必要性活动——各种条件下都会发生

是指人们在不同程度上都要参与的活动，包括了一些相对不由自主的活动，例如儿童去幼儿园或者上学、回家等，这些几乎属于一年四季都要进行的活动，相对来说与外部环境关系不大。设计师此时更多的是在进行空间、路径指向及可达性的设计[2]。如英国儿童友好城市项目"步行巴士"（Walking Bus），是让一群孩子在两个以上大人的护送下步行上下学。城市中则设置一系列"步行巴士"单独的"车站"空间

图1 英国发行巴士站牌

图2 美国丹佛的见学地景

（是沿途可以让孩子们加入步行巴士的地点），并注明"接站时刻"，串起特殊的儿童安全路线（图1）。目前，这一做法已被证实卓有成效，已在英国得到推广。同时，美国、澳大利亚及新西兰等国儿童友好城市也开始借鉴，以保证孩子拥有一条安全的上学道路。

2.2 自发性活动——在适宜的户外条件下发生

自发性活动是另一种全然不同的活动，需要有参与的意愿，并在时间、地点都允许的情况下才会发生，例如散步、驻足观望、坐下来晒太阳等。这些活动只有在外部条件适宜、天气和场所具有吸引力时才会发生。大部分宜于户外的儿童活动恰恰属于这一范畴，即通过多层次户外儿童游乐空间的斑块状布设，破解城市儿童与自然疏离的坚冰。致力打

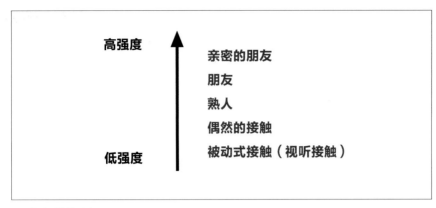

图3 简化的接触形式

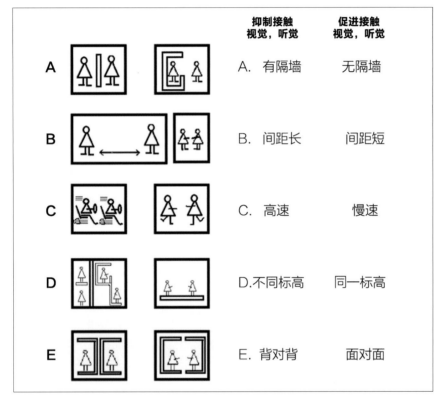

图4 五种抑制和促进接触的形式

	物质环境质量	
	差	好
必要性	●	●
自发性	·	⬤
社会性	·	●

图5 户外活动与环境质量

造"美国第一儿童友好城市"的丹佛市，构建儿童友好城市的有力措施之一，就是在全市范围内打造"见学地景"（Learning Landscape）（图2），现已成为世界范围内、城市尺度儿童友好户外游乐空间环境的出色案例。

2.3 社会性活动——有他人参加

社会性活动是指在公共空间中有赖于他人参与的各种活动，包括儿童游戏，互相打招呼、交谈，各类儿童参与的公共活动以及最广泛的社会活动——被动式接触，即仅以视听来感受他人。比如，只要两个孩子在同一空间，他们就可能发生社会性活动，这种不期而遇还会促进构成其他更加综合性的社会活动的出现。

对户外活动按照接触程度可以归纳出简化接触形式（图3）。户外活动主要是位于强度序列表下部的低强度接触，与别的接触形式相比，这些接触似乎微不足道，但其重要性不可低估，它既是单独的一类接触形式，也是其他更为复杂的交往的前提。《交往与空间》一书梳理了五种抑制和促进接触的形式（图4）。空间和时间尺度对儿童的感受起到决定性的作用，在设计中如果能将这些规律加以理解并运用，则能够相对顺畅地设计出需要的空间感受。因此，儿童公共空间应该能够为更多的户外活动提供基础，活动的发生频率与物质环境质量有着密切联系，户外活动的显著增加常常是与环境质量的改善联系在一起的（图5）。

3 洛嘉儿童主题乐园案例

"谈到儿童公共空间，要么是

草率乏味的小区塑料玩具，要么是粗暴成瘾的城郊大型游乐场。但这样的情况正在一点点地被改善。我们希望给中国的孩子们提供可持续的快乐"，这是李方悦女士在2012年创立奥雅设计子品牌——洛嘉儿童主题乐园时的初衷。洛嘉不仅局限于在国内做儿童博物馆、在社区和商业区设计建造儿童乐园这些"小而美"的设计；也在郊区营造亲子农牧场，提供农业和自然体验，为儿童构建更多健康、自然的快乐来源。儿童友好空间的设计需要去除同质化，增加创造、娱教、艺术和个性化内容，同时在最大程度上保证儿童安全和空间的可持续性。这不仅是对儿童友好空间的营造，更是对未来城市和国家的建设，可持续的不仅是物质资源，更是儿童的成长。

下面将从洛嘉儿童主题乐园设计及建成实例中，具体阐明"交往与空间"活动类型的相应理论在儿童户外活动场所中的使用。

3.1 从自发性活动设计谈儿童户外游乐空间：丹阳大亚洛嘉儿童乐园和南通星光耀童梦公园

3.1.1 项目概况

丹阳大亚洛嘉儿童乐园位于丹阳市金陵西路和凤凰路交汇处的大亚第一城。项目一开始就意在创造一个艺术化、创意型、体验式的儿童户外创意游乐场，其意义不仅在于增加楼盘的价值和品质，更重要的是带给孩子无尽的快乐，在游乐的同时又启发孩子的智力，增加艺术感和体能。

南通星光耀童梦公园毗邻南通新城区一个商业广场项目，新城区的商圈以中南部的CBD为主，整个CBD中有近40万m²的商业中心，包括大型购物广场、滨河风情商业街和体育娱乐休闲广场。但这些商业广场往往缺乏有足够吸引力的游乐设施吸引儿童停留。

3.1.2 儿童自发性活动的关键设计

根据前文对户外活动空间的概念、分类和定位，在此项目类型中，着重讨论儿童自发性（即在外部条件适宜、天气和场所具有吸引力、产生意愿时才会发生）活动。在这里，我们把儿童自发性活动的关键（除了天气等户外不可控因素）具体定位在空间的可达性、安全性、视觉吸引及需求分析。

3.1.3 可达性及安全性

对于任何户外场所的设计，尤其是儿童，可达性和安全性是一个最重要的先决因素。随着儿童年龄的增长，距离可以逐渐增大。德国的城市规划明确指出，学龄少年儿童适应的距离应为300~400m，而12岁以上的儿童则可延伸到1km。该标准旨在建造合适的公共开放空间网络，让儿童在成长过程中有更多的机会到家以外的地方[3]。儿童户外场地的周边设计更多地被要求考虑安全的人行通道，这被认为比建造儿童活动场地本身更为重要。有了安全的标准，家长才放心让儿童去探索居住地附近的地区。

丹阳大亚洛嘉儿童乐园建在售楼处旁边，未来可能会成为社区的公共中心，便捷可达，同时提高被看护人的可见度，周围以绿化种植将场地与主路分割，营造相对私密、安全的活动空间。项目采用非常严格的设计依据，包括美国标准ASTM F1487、欧洲EM1176和国际TUV，大大提高了场所设施的安全性。南通童梦公园所处商圈，同样具有便利的交通、完善的规划等优势，为新区的CBD商圈提供了未来发展的潜力。

3.1.4 视觉吸引

两个项目的整体设计基本由橡胶地垫铺装、坡地游乐区和游乐设备三个基本部分组成。以起伏的地形为主要特点，结合游乐器械，让孩子体验充满变化的游乐空间。有效的设计可以对人的选择产生一定的心理影响和引导作用，由于儿童认知能力相对较弱，因此通常从视觉吸引出发。研究表明，人们87%的外界信息获得依靠眼睛，并有75%~90%的活动由视觉主导，可见视觉对人类活动的重要地位[4]。儿童活动空间根据功能划分主要就是出入口、空间边界和内部空间。通常儿童活动区域鲜艳的色彩和吸引儿童的游戏设施都很容易被儿童的视觉能力发现。因此丹阳大亚洛嘉儿童乐园，首先在色彩搭配上就对儿童有极大的吸引力，在出入口也有相应的视觉导视。整个场地的平面用五彩橡胶地垫铺成，按地形的高低起伏和设施空间的变化而设计，俯瞰就像阳光下波光粼粼的浪花一般夺人眼球，鲜艳而不杂乱。

除了颜色，设施及造型对儿童的视觉冲击也非常显著。公共空间中常见的儿童活动场地，通常购买的是常见的成品设施，如滑梯、秋千、沙坑等，每个组件基本已成规模化，缺乏创新。而在洛嘉儿童活动空间中，秋千、大滑梯、蹦床都是经过设计师考量之后定制的（秋千用的是弯曲的自然木，有单人的橡胶坐，也有可供

图6 秋千自然弯曲

多个小孩坐的编织盘形式)(图6)。其他如地形爬网、挖沙机、艺术海盗船、管道、树屋组合，也都摆脱了以往过于单调、甚至机械的儿童设施，根据儿童的尺度和心理进行设计，使场地更具有创造和探索价值，吸引儿童逗留较长时间(图7)。

3.1.5 儿童需求分析

景观设计与产品设计一样，最核心的是满足核心用户的使用需求。在这里，我们的核心用户是儿童，想要让更多的孩子感到满意，所以在活动的设计上我们要对不同年龄层次的需求进行分析。儿童心理学的大量研究表明，儿童时期的行为心理发展有十分明显的阶段性[5]。洛嘉儿童主题乐园在空间布置上尽量做到满足不同年龄段孩子的活动需求。

① 幼儿期，2周岁以内，尚不能独立活动，需由成人帮助进行最简单的学步，智力上处于识别和标记时期。适当设置沙坑、爬网等。

② 童年期，3~6周岁，具有一定的独立活动能力和思维能力，这一阶段游戏是他们最主要的活动，设置秋千、小滑梯、穿洞、蹦床等，可以令他们在游戏中认识环境，丰富知识，发展活动能力。

③ 少年期，7~12周岁，进入小学，思维能力逐渐增强，有丰富的想象力和创造欲，活动量增加迅速，活动内容由单纯的游戏转变为"学习+游戏"，具有喜欢冒险、群嬉、模仿等特点，行动和思维不拘泥于常理。在本文中提及的两例洛嘉项目中，除了设置管道滑梯、艺术海盗船、攀爬坡地、弹簧独木桥等，也注意保留空地让儿童能够奔跑、进行简单的群体游戏等。

场地需要充分体现儿童活动的价值，不仅是要能够真正唤起儿童"玩"的天性，让他们能够触摸、观察、收获非同以往的惊喜，同时也要兼顾家长照看甚至是参与的需求。洛嘉的设计师们精于空间尺度的把握和细节调控，打造成年人与儿童均可参与的亲子体验，这使得家长也可以加入并共享快乐(图8)，可谓一举两得。《交往与空间》一书用一句斯堪的纳维亚的古老谚语非常精辟地概括了人户外活动的规律："人往人处走"，很显然儿童空间也是如

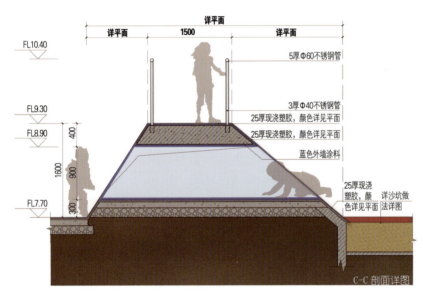

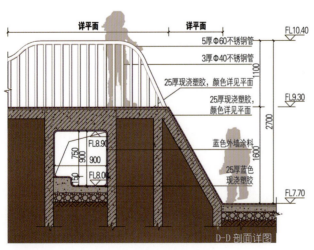

图7 基于儿童尺度安全设计

此。自发性的活动往往是走向社会性交往的开始。

3.2 从社会性活动设计谈儿童户外游乐空间：梦想绘本照进现实的台州星光耀童梦乐园

3.2.1 项目概况

乐园位于台州市路桥区星光耀商业广场，毗邻体育文化中心，在传统商业街的延长线上。主要定位于服务1~12岁的亲子家庭，通过特色浸入式的绘本故事线、营造想象力的艺术氛围、大小通吃的互动性装置、一站式体验的活动课程等，让孩子在动静之间收获身体协调、脑力锻炼、审美培养的多重成长。

3.2.2 儿童社会性活动的设计关键

现阶段，很多儿童除了待在教室、补习班，很多时间都贡献给了上网，或是平板电脑等各种电子产品，可以说不管是"00"后还是"10后"，几乎不可避免地成为被网络绑架的一代。缺乏面对面的交流，日后可能会出现各种心理及语言障碍。在这里，我们把社会性活动（公共空间中、有赖于他人参与）的关键具体定位为选址焦点、需求互动、场景激励、场所运营。

3.2.3 视觉焦点研究与选址

在公共空间中，社会性活动开展的吸引力与选址有一定的联系[6]。星光耀童梦乐园位于商业广场的主要节点，是整体商业广场的核心地点，地理位置较好。在这种商业社区的聚集处，需要一个极具视觉冲击力、艺术与体量感的焦点构筑物。洛嘉儿童主题乐园的设计师们仔细研究街道和广场的尺度，将其与来自街道对面的主要轴线和视线进行交叉分析，决定焦点的位置（图9）。

3.2.4 立足当地需求的互动性想象力设施

通过对当地薪资水平的调研，设计师们发现当地周边的居民大多属于28~50岁的年龄段，薪资水平属

图8 月亮秋千

于同龄人中的中上等。亲子家庭的父母是以"80后或90后"为主的社会中坚力量。这个群体的家庭观念强，具有一定的时尚敏感度，消费习惯也日趋多元化。亲子家庭的孩子正处在成长教育阶段，他们注重与子女的互动，也乐于培养孩子的审美观和艺术创造能力。

有了这样的设计目标，在游乐场的设计中，设计师充分考虑到不同年龄段孩子的游乐与安全需求，结合儿童行为心理学研究和教育理论规划儿童活动空间。也在设计中坚持生态型、自然型的儿童乐园设计原则，整个游乐园依赖非动力设施和器械。

结合艺术教育为孩子们量身打造的一站式活动和课程体验，基于"观察—创造—发布—展览—售卖"流程，浓厚的艺术氛围将对于塑造儿童审美观、激发想象力有着独特的作用与优势；结合故事情节设置的互动性装置和自由探索的活动空间有望成为当地商业空间核心特色。通过观察他人的言谈举止，就可能为下列活动创造机会：轻度的接触—进一步建立其他程度的接触—保持已建立起来的接触—了解外界的各种信息—获得启发、受到激励[7]。对于儿童来说，不仅仅可以体验到游戏的乐趣，也能够实现更加健全的人格和品性。

3.2.5 绘本故事与游戏动线结合的场景设计

浙江台州的代表性特色是黄岩蜜橘和大小黄鱼。作为与基地高度结合的角色，来到乐园，从认识朋友，到翻越崇山峻岭，到经历狂风暴雨，到成功把小黄橘送回家，到旅程结束，设计师对每一个场景都予以

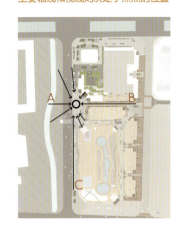
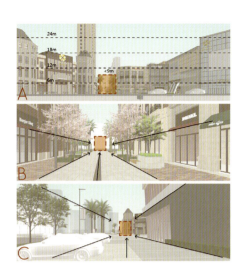

图9 视觉焦点分析

图10 绘本故事线

图11 绘本场景效果图

再现，让游乐场地成为场景与舞台（图10、图11）。

对于户外活动来说，有一个性质是至关重要的，那就是"过程性"。当一个儿童的户外活动发生时，其持续的过程可能会引发更多的过程，而且被引发的各种过程之间有相互的联系，它们共同构成一种整体的活动，比各个单项活动的总和更广泛、更丰富。这就是"1+1>2"的道理。过程的度量单位是时间，因此某一公共空间被使用的时间越长，引发的户外活动就越多，这一公共空间内的含义就更丰富。也可以通过两句话来概括户外活动发生的规律："有活动发生是由于有活动发生"，"没有活动发生是由于没有活动发生"。

台州星光耀童梦乐园将绘本落实到极具吸引力的实景搭建，给予儿童既定的环境和设施，进一步激励儿童做自己熟悉、喜欢的事，让他们自发地学习与发展认知能力。用亲身体验的方式去学习知识与交往技能，为其身心发展和适应社会提供了良好的机会。

3.2.6 基于线上与线下不用时段的运营计划

当然，除了实体场景的具体设计，设计师们也没有忘记一个深入人心的儿童主题乐园需要在线上线下同时精心经营。他们计划为它同时打造多平台的微信、微博以及粉丝群体，维护当地的粉丝群体，组织经常性的活动。通过全面的精心经营，这个小小的儿童游乐场可以实现会费、大型活动费用、商业赞助等多方面的盈利，从而健康地发展下去。

除此之外，来自洛嘉儿童主题乐园的设计师们还对童梦公园的日常运营提出了自己的设想。他们希望除了根据儿童的学习生活有效安排日常活动之外，还可集合商业活动形成每年固定的大型活动和节日庆典，这些活动将结合商业推出主题活动，甚至利用互联网组织发布灵活丰富的粉丝活动。设计师们希望日常维护游乐园的工作人员可以身着与《橘子与黄鱼》有关的戏服工作，这样不仅能够有效维护现场秩序，也能与场景设计发生互动。台州星光耀广场童梦公园目前还在深化设计阶段，计划于2016年10月开始动工。

4 小结

洛嘉儿童主题乐园（Lodgia's Wonderland）是基于多年国际化的设计和建造经验，整合多方资源开创的全新创意儿童主题空间产品和品牌。奥雅设计集团董事、总经理李方悦女士于加拿大创立Lodgia's Wonderland品牌，其初衷是给孩子们带来快乐和美好，同时传播文化、艺术和设计。Lodgia品牌的中文名是"洛嘉"，"洛"源于《洛神赋》，取其优雅和创造力，"嘉"则意味着美好和快乐。洛嘉儿童主题乐园的设计师们相信，只有关心儿童在城市中的真切体会，才能设计出符合儿童生理与心理特点的社区活动场所。洛嘉儿童主题乐园现在集中在一二线城市景区周边进行试运营。通过亲子配套设施、全新的运维模式以及设计实力，洛嘉将为提供亲子型、生态型的乐园。

以洛嘉儿童主题乐园为代表的新一代儿童友好型城市设计品牌，想实现的不是以动力性的儿童装置取胜的大型儿童主题公园，而是儿童友好型的社区和空间，最终目标是助推中国儿童友好型城市的建设。在国际上，建设儿童友好型城市已经是主流趋势，体现了社会对快乐是孩子们健康成长关键要素的共识。建设儿童友好型城市，需要我们付出长期的努力。公共财政的大力支持必不可少，但对儿童友好的社会环境和儿童权利观念的培育、儿童权益保障状况的进一步改善、儿童教育理念和方式的进一步创新，这些都不是用钱能解决的，也无法一蹴而就。建设儿童友好型城市，需要尊重孩子的想法，应给予儿童政治优先权，将儿童纳入决策体系，当一座城市在这些方面都有了合格的建设成果，"儿童友好城市"才能实至名归[8]。从做好每一个儿童活动场所开始，洛嘉儿童主题乐园一点一滴的努力都是希望中国早日出现儿童友好型城市。

参考文献

[1] Jan Gehl. Life Between Buildings [M]. Island Press.

[2] 沈萍，邱灿红. 儿童友好型城市公共空间设计策略研究 [J]. 中外建筑，2010（2）.

[3] M. Oblasser-Finke. Playground: city—Childfriendly Design of Urban Open Space [J]. 中国园林，2008，9.

[4] 文增. 立体形态的创造与审美心理 [J]. 美苑，2001，4.

[5] 张路红. 在游戏中成长——试论居住区儿童游戏环境设计 [J]. 安徽建筑，2005，4.

[6] 毛华松，詹燕. 关注城市公共场所中的儿童活动空间 [J]. 景观设计，2003，2.

[7] 同[1].

[8] 邓辉林. 建儿童友好型城市，要听孩子的话 [N]. 深圳特区报，2016-06-01（2）.

与儿童互动的景观设计
Interactive Landscape Design with Children

文 / 唐子颖

【摘　要】

景观设计可以帮助、促进人与外界建立联系。一个为儿童考虑的景观设计则可以帮助孩子打开通往世界的桥梁，让他们观察、理解、探索周围的世界。在自然中成长，在活动中受到启发，在玩耍中锻炼，可以让孩童时代的身心发展都得到健康的滋养。本文论述了儿童成长过程与环境认知的关系，同时以安吉桃花源景观改造与提升为案例，分析了儿童与景观互动的具体应用。该实践案例为景观设计学、旅游规划以及亲子教育建立了一个跨学科的连接，并为以后的理论、实践方向提供了一种可能。

【关键词】

互动景观；户外教育；环境感知；自然成长

【作者简介】

唐子颖　上海张唐景观设计事务所合伙人、首席设计师景观设计是提升人们幸福感的一种途径。通过关注人的行为和需求，建立环境和人之间的互动关系，可以帮助人类与其居住环境和谐发展。在以人的行为为导向的景观设计中，关注儿童成长特点的景观设计成为其中的焦点和趋势。各种针对儿童活动特点的赋予创造性、想象力的场地设计在欧美、日本等国家层出不穷。一些相关的跨专业领域也同时介于其中，比如亲子教育、户外运动等，都为该方向的发展提供了多种支持和各种可能。

1 儿童成长过程中的心理特点

1.1 现代儿童心理学的特点

"小大人儿"是我们这一代人成长过程中的褒义词。父母亲都以小孩子能完成无论智力上还是情感上超龄的事情为荣——5岁就上了一年级，9岁就可以独立旅行，诸如此类。所谓站有站相、坐有坐相、老成稳重是大家钦羡的对象。"少年老成"据说来自汉·赵岐《三辅决录·韦康》，一个十五岁的孩子，被称曰："韦主簿年虽少，有老成之风，昂昂千里之驹。"可见自古以来推崇备至。

尽快把小孩变成大人，并不是中国文化独有的。世界的文化，粗放地讲，都是大同的。有资料说，"在现代之前，所有国家所有文化，都不认为童年具有独立的价值。那时，童年只被认为是成人的准备期，缩得越短越好。但是在现代社会中，'童年'被赋予了独立的价值，现代儿童心理学认为，人为地缩短童年期，就会带来不可更改的创伤，发展就没有后劲，潜能就没法实现"[1]。

尊重孩子的童年并保护其特征成为现代儿童心理学的核心。联合国大会在《儿童权利公约》第三十一条将其设立为一项基本权利，国际游戏协会美国分会（IPA/USA）也积极倡导人们玩乐的权利，并将"捍卫、维护和倡导人类玩乐的基本权利"作为宗旨[2]。

现代儿童心理学的发展为儿童导向的景观设计提供了理论支持，也为以下问题的讨论提供了前提。

事实上，就现代教育本身，悖论也很多，其中最大的问题是，教育把人的头脑挖掘得太多，身体的本能被忽略、弱化。人的第一直觉，靠的不是大脑，而是感官。现代社会的疾病、弊端，很多来源于人感知能力的退化——年轻人的抑郁症，老年人的痴呆症，甚至人与人之间越来越多的交流障碍，都是人用了太多的大脑，少了用心。想得人多，执行力就会被相对延迟；心性被过多的碎片信息、理性分析掩埋，感受能力就会日趋衰弱。感官的退化是一件类似温水煮青蛙的事，令人悲哀而不自觉。世界的美好，需要全身心感受以后，转化成自身一部分，从而让自身成为美好世界一部分。身心的愉悦，令人向善向美，恐怕比任何理性说教都来得更有效。

现代社会中的成人，特别是大脑完备的成人，相比儿童，身体感知能力逐渐被日积月累的知识和头脑的理性判断取代、弱化。针对这种现象，我们需要保护儿童未被扼杀的感知，让孩子们在觉中成长。在越来越智能化、信息化、机械化的社会环境中，让人仍然保持一定的自我和环境的感知能力。

1.2 儿童的感知与环境的关系

美国幼儿教育协会（NAEYC）曾经提出这样的观点来支持玩乐的益处：

①通过自由玩乐，儿童能够学会表达和理解日常生活中的情感体验。

②准许孩子们与小伙伴尽情玩乐能够提高他们体恤他人观点的能力，也就是合作、分享、互相帮助和共同解决问题的能力。

③如果儿童对生活的体验多来自电视、电脑、书籍、习题或只需调动两种感觉官能的媒介，那么其感知能力可能会退化。嗅觉、触觉、味觉以及对空间运动的感知，都是非常有效的学习方式。

④如果孩子在户外活动方面受到的限制较少，那么他们在接触外界时会显得更加游刃有余。在成长的过程中，孩子们可学会如何（安全地）探索周围的环境，由此为长大后的独立生活打下基础[3]。

1.2.1 自我感知

"我是谁？我从哪里来？我到哪里去？"，一个小孩从小到大，这些问题始终存在。

从最早对自己身体的认识，对自己情绪的认识，以及后来对人类的起源、对死亡的认识，问题是随着小孩的成长渐进的。貌似简单的问题，其实涵盖了小朋友从早期对自己身体的好奇、对自我粗浅的意识到后来对个体情绪的认知。孩子们在成长的过程中，需要学习关于愉快（happy）、暴躁（grumpy）、沮丧（sad）等有关情绪，明白这些情绪是每个人都会有，是正常的，需要接受自己也接受别人；进一步的，孩子们还应该质疑和探索，人到底是不是猴子变的，人是否有灵魂，或者人死了以后会怎么样。

有些自我感知，上升到哲学，可能人穷其一生而无所知。所以人对世界以及人本身的神秘感产生，畏惧感，从而也成为人的好奇心必不可少的一部分。这些自我感知的教育，同时可以从环境中给出。一个有针对性的景观环境，可以对人的情绪产生影响，比如目前景观设计学的一个专项分支——疗愈花园（Healing Garden），就是从医学、心理学角度，结合景观设计形成的一个跨学科的方向。

1.2.2 环境感知

"我和环境的关系。"

从早期小孩对周围环境的观察比如影子和反光（shadow and reflection）的好奇与观察，到后来对地球和宇宙的探索，人对环境的感知随着人类的发展也持续产生着新课题。教育的重要任务之一，就是让人对司空见惯的东西产生疑问，想知道为什么。从身边的、能触摸到的，到不可及的、需要想象的——阳光、空气、雨水、夜晚、星云，每一样身边司空见惯的现象，都是一门科学。在孩子的大脑被现有的知识体系充实完备以前，充分发挥对这些事物的想象，为将来的科学发展提供了更多的可能性。

目前的景观设计的另一个方向，就是Learning Landscape（见学地景）——从环境中学习（learning through landscape，简称LTL）。其宗旨就是在教育中鼓励、激发儿童的户外学习和玩耍，使儿童与环境的连接更活跃、更主动、更有助于他

们的学习，并开发他们的社会交往技巧[4]。

1.2.3 社会感知

"我和社会的关系。" 这里说的是个人与社会组成的关系。

交通工具、合作交流、与人相处（比如分享、轮流承担）、社会规则，这些都是作为社会、人必须了解并且娴熟掌握的。社会感知可能会涉及人与人之间的关系，以及人与社会功能之间的关系。目前我国的教育体系现状中，这部分尚为缺失。如果一种社会价值观过多地强调竞争和个人成就而无视分工协作，社会的整体功能往往低效。虽然利弊显而易见，但在传统教育体系中却难以体现。结果就是社会上受现代高等教育的人比例越来越高，而社会的文明始终与现代文明相去甚远，甚至背道而驰。

与人协调、合作是户外环境教育的一大重要功能。在游戏玩耍中与人分享、协作，是对社会感知充分的实践。专门针对这项功能的儿童游戏场所设计也成为景观设计的一个专项之一。

2 以儿童活动为目的的景观规划与设计——以安吉桃花源景观提升规划设计为例

安吉桃花源是一个以养老度假为目的地的地产式开发项目，总面积8464亩，可建设用地2200亩，项目位于大都市（上海、杭州、苏州等）服务圈1至3小时车程之内。其核心区进行景观提升的部分，处于地理中心的峡谷地带，包括两个人工水库。山体植被以安吉特色植物竹林、茶园为主。

对核心区景观提升的起因，是出于对养老度假产业定位的重新思考。在一个自然资源环境没有那么突出、地理位置没有那么便捷的区位里，单一的养老度假定位显得过于扁平化。在以往的经验中，单一的养老社区存在缺乏家庭亲切感、没有活力、难以持续发展等弊端。对此，安吉桃花源的景观提升策划，提出了针对亲子、儿童活动的景观规划设计。在突出地域景观特色、让人与自然充分交流与融合的理念下，怎样把老、中、青、少几代人的户外度假需求同时考虑进去，成为本次规划设计的核心。

2.1 人与景观的三重解读

首先，人是大自然的一部分。目前的中国城市建设中，处处体现的是人类主宰世界的景象——高楼林立、混凝土覆盖，绿色景观只是表面上的装饰和点缀。在安吉桃花源的景观提升改造中，大的命题是强调人是大自然的一部分，景观设计的总体基调体现的是人与自然的互动。与传统的园林景观设计不同，人在这里不只是停留在观望和欣赏的层面，而是深度参与大自然的活动——尊重和了解自然，让自己的行为符合自然规律——这些常识不只是针对成人，而是从儿童的户外教育开始。

其次，强调农耕文化中人与自然的关系。"晴耕雨读"是中国农耕文化的核心精神。纵观江南地区独特的地域文化景观，可以提炼出书院、荷塘、茶园、水田、石板路等景观元素。安吉地处江南，气候温湿，夏日酷热，冬天飞雪；与杭州一山之隔，温度较之低2~3℃，算是江南气候的

典型。安吉的自然植被以竹海著称，农业景观则为茶园。本项目中，这些体现江南特色的景观不仅仅是再现，而且是针对人的活动——特别是儿童的户外活动与教育展开，让参与者充分体会"晴耕雨读"的文化精髓。

最后，体现儿童对自然环境的认知。孩子的天性是玩耍。"寓教于乐"的教育方式往往深受小朋友的欢迎。而户外教育又是"寓教于乐"的最佳选择——在森林中了解动植物科学，在山水间通晓日月星辰、地质地貌，在游戏中锻炼肢体、并与他人协作共处。被充分的自然环境滋养大的孩子，对艺术的感知能力更加敏锐，头脑与肢体的应变力、灵活度也相应更高。安吉桃花源项目，希望令孩子与自然充分接触，以弥补现代教育中过度的室内活动和课本灌输式教育的缺陷，并通过孩子对自然环境的认知过程，建立他们更为完备的世界观与价值观。

2.2 安吉桃花源核心区景观规划设计

根据核心区块不同的地理环境特征，如日照、风向，以及其与规划交通的关系，确立了三个以人的活动（特别是儿童活动）为导向的景观分区：自然科学教育区、农耕文化体验区、户外运动娱乐区。三个区块分别对应并体现对人与自然关系的三重解读。

2.2.1 自然科学教育区

这里的景观以现状湿地半岛、自然山林、湖水（人工）为主。通过组织合理的徒步路线（针对不同年龄段，有不同长度等级和难度等级的线路），建立儿童户外自然科学教育系统。自然界中，湿地、林地景观最具有生物多样性。观鸟、捕捉昆虫、了解自然更替的规律可以成为主要的户外课程，同时还可以通过采集松果、树叶、树枝等各种不同形态的自然素材，发挥想象，制作各种手工艺品。

这部分的景观处理以自然恢复、轻度改造为主。建议将现有的湿地半岛改建成孤岛，保证没有人的介入和干扰，从而通过时间的积累逐步形成完整的鸟类栖息地，以供专门观鸟使用。其他任何需要人介入的通道都尽可能做到最小干扰。这种做法本身也是户外教育的一部分——让孩子们从小就知道尊重自然，以便形成自然界生物平等的价值观。

图1为自然教育活动中心，是对现有停车场的改建。该建筑为半开敞式通透的玻璃建筑，对环境的干扰最小，在视线上与户外环境充分结合。

图2为本区块尽端的户外剧场。为纯粹自然的现状环境提供了一个宽大的草坪空间，也为举行各种活动提供可能性，如露天电影、演出、庆典、放风筝等。

2.2.2 农耕文化体验区

以半开敞式的农耕文化建筑为中心，组织粗放式管理的农田景观。建筑的主要功能有展示、餐饮、售卖当地农产品、收集放置传统农具（如磨盘、石杵、纺车等）、组织节事活动（与时令、节气、国家法定小长假结合）等。户外结合半开敞的建筑放置晒谷场，作为活动中心的核心区域。

农业景观以茶园和水稻田为

图1 自然教育活动中心

图片来源：上海张唐景观设计事务所，张东手绘

儿童游憩空间设计

图2 户外剧场　　　　　　图片来源：上海张唐景观设计事务所，张东手绘

图3 农耕文化中心　　　　图片来源：上海张唐景观设计事务所，张东手绘

主。稻田建议按照不同时令种植油菜花、水稻等以粗放式管理为主的大片农业景观；以现状水塘为基础将其改造为荷花塘；新种植的乔木也以经济型植物比如桑树、枇杷等江南特色果树为主。这样，相应地组织不同时令与小长假对应的节事活动——清明（采茶制茶、采桑喂蚕）、端午（摘叶包粽）、中秋（割稻制米），而暑期长假可以有采莲藕、捉知了、抓泥鳅等农田里的活动，让孩子们充分参与。

图3描述的是农耕文化中心的场景。打谷场上示意的干草垛、水车，局部显示了可以让孩子充分参与体验的农事活动。

图4为荷塘以及书院。其意境是想要体现"半亩荷塘半亩田"的农耕文化生活。作为休闲度假场所，无论年老年少，读闲书往往都是一件乐事。结合荷塘在环境优美的地方品茶阅读让这项活动更有意境、更令人向往。

2.2.3　户外运动娱乐区

儿童的户外活动娱乐方式多种多样。在本次项目中，我们结合现状地形特点，提出了以"动物的家"为主题的儿童活动内容。放大昆虫（如蚂蚁、蜜蜂、蜘蛛等）的家（如蚁穴、蜂巢、蛛网等），结合儿童活动中经典的活动项目（如滑梯、攀岩、钻爬等），创造出一系列活动设施，让孩子们在玩耍的同时充分地接触自然元素（泥土、沙石、水），并自由地发挥想象——想象自己如果是一只蚂蚁、蜜蜂或蜘蛛，将会在什么样的环境里怎样生活。

与大型的主题游乐园不同，我们希望乡野里的儿童活动设施更趋向自然的材料和色彩（如用素石代替泥土色，选用原木色的活动器械等），活动的内容更具地域独特性、启发性，同时更符合不同年龄层儿童的天性。

图5是穿插在林间的蛛网以及就山崖而建的蚁穴。这组活动设施充分利用现状地形与环境相融合，并体现儿童经典活动内容（攀、爬、钻等），让孩子在玩耍中有独特的体验。

图6是经典的运动场地。其中看台部分结合山体位于半山腰。充分考虑观看者的舒适需求以及与运动者之间的互动需求。

3 结论

与人互动的景观设计是以人为本的设计学中的一个方向。而针对儿童户外娱乐、户外教育的景观设计又是其中的一个重要分类。充分考虑儿童的需要，为他们的成长提供更符合其生长特点的环境，同时提供宽泛、舒松、多维度的活动范畴及可能性，是这部分景观设计的宗旨。其中的儿童心理发展、户外活动安全性、活动设施的可持续利用性等细节，都是景观设计应该综合考虑的范畴。跨学科多领域的研究与合作，会为单一的设计学方向弥补不足，也会为未来建设更健康、更科学、更多样化的户外儿童活动环境提供更完备的保障。

图4 荷塘以及书院　　　　**图片来源：上海张唐景观设计事务所，张东手绘**

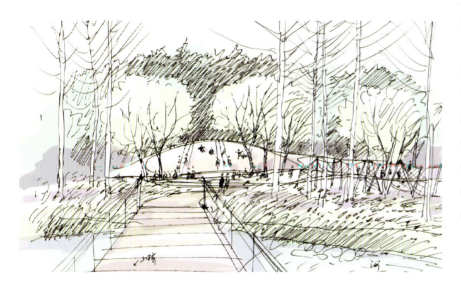

图5 穿插在林间的蛛网以及就山崖而建的蚁穴　　　　**图片来源：上海张唐景观设计事务所，张东手绘**

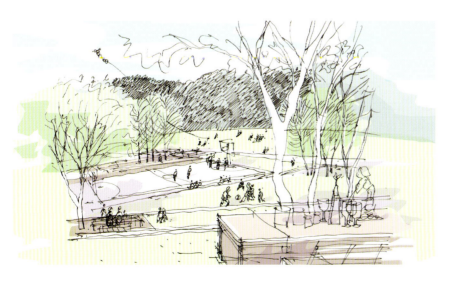

图6 运动场地　　　　**图片来源：上海张唐景观设计事务所，张东手绘**

参考文献

[1]《新京报书评周刊》微信公众号.

[2] (美)比尔.卡波达戈利,琳恩.杰克逊.皮克斯：关于童心、勇气、创意和传奇[M].靳婷译.北京：中信出版社,2012:95,96-97.

[3] 同[2].

[4] http://www.ltl.org.uk/.

![BES 大地风景国际旅游集团 BES Tourism Group International]

www.bescn.com

美丽大地 风景中国

BES, THE AMENITY CREATOR FOR CHINA

中国旅游行业变革突出贡献奖

始于 **2003** 年　　**31** 个省市自治区　　**1000** 多个成功案例

大地风景国际旅游集团置身于旅游及其延伸领域的发展前沿,以吴必虎教授为核心,凝聚了来自美国、德国、英国、俄罗斯、韩国、日本、澳大利亚等众多国际著名院校和来自北大、清华、香港理工大学等国内著名院校的全球顶尖智力资源,能够根据客户实际需要量身定制,以充分满足各种类型的旅游发展咨询需要,保证提供一流的智慧成果。

7大市场分公司,无缝对接市场

华北、华东、华南、西南、西北、华中、东北
七大市场分公司,无缝对接市场。

为大地保留和创造动人风景

BES TOURISM GROUP INTERNATIONAL
大地风景国际旅游集团

5大业务领域，一站式全程服务

大地风景始于2003年，多年来致力于搭建顶级国际合作平台，采用国际化运作和管理方式，立足本土文化，融入国际领先的咨询理念，构建旅游全产业链咨询服务体系。大地风景现已发展成为包含规划设计咨询、目的地投资管理、文化传播、智慧旅游、移动设备设计制造五大业务领域的综合型旅游服务机构。

规划设计　　旅游投资　　目的地发展　　智慧旅游　　装备设施

中国旅游咨询及旅游发展领域最具价值品牌

大地风景已服务1000多个旅游项目，项目覆盖全国31个省市自治区、500多个市区县，荣获"中国旅游行业变革突出贡献奖"。

⊙ 服务于多个联合国评定的顶级旅游项目，用国际视野助力世界级遗产的保护与提升；
⊙ 为中国最优秀的旅游省、市提供旅游总体战略咨询与规划设计，优秀服务案例占据旅游高端咨询领域半壁江山；
⊙ 从前期策划、规划到建筑、景观设计及旅游商品设计，为文化产业园区、旅游综合体、旅游地产等落地项目提供深入产业的咨询方案；应用TOLD、CTC等先进理念与模式，开创了文化旅游产业发展的新格局；
⊙ 多年来深耕在历史文化街区与古镇、乡村旅游与休闲农业、国家公园与旅游景区、景观生态与风景园林、温泉旅游与养生度假、主题公园与文化娱乐、风景道与自驾营地等不同专业方向，为传统景区带来活力，并创造了一系列新兴的文化旅游胜地和度假胜地；
⊙ 关注景区实际需求，集结专家为景区提供针对性的咨询服务和专业实施方案，成功协助一批景区完成创A/升A/保A；
⊙ 联合北京大学旅游研究与规划中心、国际旅游学会，邀请国际国内专家，精心打造定制培训课程，为旅游产业发展破除瓶颈、转型创新提供强有力的人才支撑和智力保障。

北京市朝阳区北四环中路27号盘古大观31层
电话：010-59393956　　邮箱：bes@bescn.com
传真：010-59393985　　网址：www.bescn.com

Welcome to Zhenyuan

青龙晨雾
国家重点文保单位——青龙洞

百舸争流
民俗端午节庆活动——赛龙舟

春江渔火
民俗活动——撒渔网

渔舟唱晚
古城景观——渔舟唱晚

华灯初上
古城夜景——华灯初上

心居何处 自在镇远

中国最具影响力旅游名县 & 中国低碳旅游示范基地 & 中国十佳旅游古城 & 中国最美的十大古城

镇远古城，中国最美十大古城之一，地处黔东南州北部，素有"滇楚锁钥、黔东门户"之称。城内古街古巷曲径通幽，石桥城垣错落有致，碧水晨雾姿态万千，春江渔火诗意盎然，有雄伟奇特、蜚声中外的国家级重点文物保护单位青龙洞古建筑群和明清古民居、古巷道、古码头、古城垣等160余处，有"传统文化迷宫"之称。长期以来，中原文化、地方民族文化、域外各国文化在这里相互渗透、交融，形成了独特的文化包容性，被专家誉为"世界文化保护圈"。

也许在我们当中有你熟悉的面孔，因为我们都是香港理工大学酒店及旅游业管理学院的毕业生。

凭借着在学院学到的知识与技能，我们获得了充分的国际认可。加上多年的实战经验，我们自豪地成为酒店及旅游业的专业人才。我们具有相当国际化的背景，分别来自德国、中国内地、香港特别行政区、韩国、土耳其和美国等地，这充分印证了学院多年来所赢得的国际美誉。

为了能在这个充满活力与挑战的全球行业中脱颖而出，我们诚邀你加入香港理工大学酒店及旅游业管理学院，与来自22个国家与地区的70位才华横溢的国际专家学者共同学习。学院开设酒店与旅游业管理专业的各种研究生学位课程，包括哲学博士（Ph. D.）、酒店及旅游管理博士（D. HTM）和理学硕士（MSc）。

有关这所世界级酒店及旅游教育学院之详情请见：www.polyu.edu.hk/htm

认识我们：

Opening Minds • Shaping the Future